孫育ては子どもとともに 子育ては祖父母とともに

長年の発達・教育相談の経験から

石橋 剛

クリエイツかもがわ
CREATES KAMOGAWA

はじめに

拝啓

おじいちゃんおばあちゃん、お元気でお過ごしでしょうか。季節がら、体調をくずしてはおられませんか。みなさんの子どもさん（息子や娘）は元気で仕事をしたり、子（孫）育てをしたりしていますか。私は、学校の教員として子どもの発達や教育や子育ての相談を28年間続けてきました。相談では、幼少期の子どもの「困っていること・気になること」の悩みごとの相談を受けます。退職後の5年間を含めた子どもたちの変化は、質的にも量（数）的にも深刻になっていることを感じます。そんな現状の中、みなさんも「わが子は大丈夫か」「孫は大丈夫か」と心配をされているのではないでしょうか。今の日本は、みなさんの子どもや孫が安心して生活できる状況（環境）ではないように思います。そして、これからはいっそう深刻になっていくようにも思われます。ですからみなさんは、まだまだ子どもや孫のために力を発揮しないといけないように思うのです。

おじいさんやおばあさんが子どもの頃は「当たり前で普通の状況」が、今のお父さんやお母さんの感覚では「昔とは違う状況」になっています。しかし、その変化は、現代の幼少期の子どもたちの成長・発達にとってよい状況なのでしょうか。私は、「子ども（孫）の健やかな成長・発達にとって必要で当たり前のことがたくさん忘れられてきている」と感じるのです。そして、そのことが子どもた

ちの未来、日本の未来・世界の未来に大きな影を落としてきているのではないかと危惧もしています。

子どもさん（孫の親）が出す信号は、生活に追われているために孫に対して適切とは言えない関わり方をしていたり、子育てがわからずに不適切な関わり方をしたりしてしまう「黄信号」です。「赤信号」の子育ては、例えば、お孫さんへの「虐待」があります。そして、お孫さんは、力を伸ばすことを邪魔されて「赤信号」を出してしまうことがあります。中には、おじいちゃん、おばあちゃんの一生懸命さがあだとなって、その孫や父母が赤や黄色の信号を出している事例もあります。「信号」は、短期に改善できる黄信号から、時間がかかるであろうと思われる赤信号まで、さまざまです。

そこで、みなさんの子どもさんやお孫さんが安心して生活ができ、健やかに成長・発達していけるような状況にするために、どういう配慮をし、どう関わってあげたらよいか、何がしてあげられるのかなどについて、「子育て・孫育て」の目的や方法や考え方を7点、提起したいと思います。

①祖父母のみなさんの子（息子や娘）育ての目的は、「孫の成長・発達が安心して見ていられるような父親・母親に育てる」ことです。

②子どもや孫への関わり方は、前面（全面）からではなく側面からの援助が大切です。

③お孫さんの「感性と社会性」と、お孫さんの両親の「親としての感性と社会性」を育てるために、みなさんがもっている感性と社会性を「見せてほしい、聞かせてほしい」ということです。

④孫育てはもちろん、子育てでも「初心者マークが続いていく」ことの認識が大切です。

⑤『を』の子育て（孫育て）」ではなく、『で』の子育て（孫育て）」が重要です。

⑥「子育て」「孫育て」では、関わる大人の「楽しい小芝居（＝生活）」が有効です。

⑦早期発見と適切な早期対応があれば「障害や弱さの軽減・克服の可能性は大」です。

これらは、十分にご承知のこととは思いますが…。
みなさんとみなさんの子どもさんやお孫さんのご健康ご多幸をお祈りしております。

敬具

追伸　この本を読まれましたら、みなさんの子どもさん（息子や娘）に渡して読んでもらうと、子どもたちの子育てのお役に立つかと思います。

また、この本を子どもから渡されましたら、気分を損ねずにご一読ください。みなさん方の経験や知恵は、この本よりもっと豊富だろうと思いますが、「祖父母と親の適切な協力でお孫さんの成長・発達を支援する」ために、共通理解するきっかけになればと思います。

拝啓

お父さんお母さん、お仕事・家事など、多忙な中で子育てにがんばっておられるでしょうか。毎日が忙しいためにわが子の成長・発達を気にする余裕がなかったり、周りの子どもと比べてわが子の成長・発達が気になったり、という矛盾した思いをもちながら子育てをしておられるのではないでしょうか。

あなた方の子どもさんを取りまく環境は、健やかな成長・発達にとって好ましくないと思われる状況がありますし、その環境はいっそう深刻になっていくことも必至と思われます。

そんな中で生活する子どもたちの中には、深刻な信号を発している子どもたちが激増しています。

こういうときだからこそ、子どもを愛する親としては、「『信号』を乗り越えさせていくための適切な関わり方」を考えていかなければなりません。その関わり方をしていけば、わが子の「健やかな成長・発達」につなげていくことができます。そして、祖父母からの「適切な」配慮や応援の協力が得られれば、その成長・発達がよりいっそう進んでいくと確信します。

お父さん・お母さん方へ、お願いが3点あります。

①子どもの健やかな成長・発達に応じた適切な支援ができる父親・母親に育ってほしい。

②そのためには、みなさん方のご両親や専門家に側面からの適切な応援をお願いしてほしい。

③子どもの感性と社会性を育てるため、自分が両親から受けた子育てを思い出しながら、「祖父母の感性・社会性」を見て、聞いて、子どもと一緒に学び続けてほしい。

みなさん方の父母の方々のお考えやこの本の情報を「昔の考え方」と一蹴せず、子育てと父母への関わり方の配慮として参考にしてみてはどうでしょうか。

みなさんとみなさんの子どもさんやご両親のご健康ご多幸をお祈りしています。

敬具

追伸　この本を読まれましたら、みなさんのご両親に渡して読んでもらってください。賢明なご両親だろうとは思いますが、「子育て・孫育て」に役立つと思います。

また、この本をご両親から渡されましたら、お忙しいとは思いますがご一読ください。みなさん方が知らなかった、気づかなかった、忘れていた情報が詰め込まれていると思います。参考にできるところはご両親と話題にして、共通理解するきっかけになるとよいですね。

小児科医師・心理専門職の方・保健師、保育園・幼稚園の先生、小・中学校・高校の先生、特別支援学校のコーディネーターなど、子育てや保育・教育で子どもに関わる方々へ

みなさんには、次代を担う子どもたちの健やかな成長・発達のためにご尽力いただいていることと拝察いたします。

すでにご存じのように、文科省は2002年、アンケートの調査結果から「学習困難児が6・3％」いることを公表し、2012年12月には、「学習困難児が6・5％」という数値を公表しました。この10年の数値が「0・2％」の増加は、実態に合っているのでしょうか。保育や教育の現場の様子を見聞きしてきた私の中では、「表面上、気になる様子を見せない子ども」や「今は、これくらいの様子は普通にいる子ども」は除外して集計した結果ではないかと「疑ってしまう数値」という感想をもっています。

しかし現実は、子どもたちの信号の発し方があまりにも悲惨であり、発する子どもたちの数が増え続けています。小学校中学年までは「これくらいなら…」で見過ごしてしまうと、数年後には「学習困難児」になった事例も数多くあり、中・高生や大学生、社会人になって問題が表面化している事例も激増しているように思えます。

さて、私は、特別支援学校（旧養護学校）で長く「同一機関に在籍して、同一地域で」発達・教育相談に携わってきた経験から二つのことを学びました。

①子どもはみんな発達の可能性をもっている。しかし、その可能性の方向はわからない。

②子どもたちの健やかな成長・発達には、適切な専門家と家庭、そして保育園、幼稚園、学校などの在籍機関との適切な連携が重要である。

みなさんが関わる黄や赤の「気になる信号」を出している子どもへの支援では、直接子どもに関わる方法とその保護者への支援（助言）とがあると思います。特に赤信号を発している子どもの場合の支援は、家庭との適切な連携は不可欠です。事例によっては、保護者は適切な関わり方を受けとめてもらえるのに、同居している「祖父母」が適切とは言えない関わり方を要求していたり、保護者に適切な関わり方が伝わらないので祖父母に関わり方の情報を伝えたりすることもあるかと思います。このように、信号を出している子どもの支援では、祖父母の協力が重要な鍵を握っている例も多いと思われます。

そこで、専門家のみなさんにお願いしたいことがあります。それは、父母や祖父母の方々に、「気になる子どもたちの『黄信号』をもっと発達的に受けとめてほしい」「過程よりも結果だけを求める関わり方だけで関わらないでほしい」「子どもを育てるのは人間であることを知ってほしい」などの思いを含めた子育ての情報を発信していただきたいと思うのです。

本書では、子どもの発達支援で配慮しなくてはいけないことをまとめたつもりです。適切とは言えない環境にいる子どもたちへの支援の情報の一つとして参考にしていただけると幸です。

なお「発達・教育相談」時には、子どもの発達や子育ての関わり方などの情報提供をするのですが、そのときの基本となる情報を得るための発達検査については、『子どものねがいに迫る発達・教育相談』（クリエイツかもがわ、２０１２）も参照してください。

なお、本文中に多くの事例を紹介していますが、個人が特定できないようにするため、紹介するねらい・目的がずれない程度の改変をしていることをご承知おきください。

２０１６年８月

石橋　剛

孫育ては子どもとともに　子育ては祖父母とともに

長年の発達・教育相談の経験から　もくじ

はじめに……3

第1章 子どもたちの気になる状況……13

1 発達・教育相談と家族……14

(1)私と発達・教育相談 14／(2)発達・教育相談の目的と子どもの可能性 14／(3)発達・教育相談の実際 15／(4)気になる子どもたちの激増 16

2 教育相談の気になる事例から……19

相談事例❶家族の仲違いで不登校になった 19／相談事例❷祖父が「殿様」で、孫が情緒不安定になり、自立できなかった 20／相談事例❸学校の勉強に対するごほうびを間違えた 22

3 悲惨な事件や触法犯罪と家族関係……23

(1)悲惨な事件 23／(2)長崎事件・佐世保事件と文科省の対応 27

第2章 自分のために・家族や地域のためにすべきこと、してほしいこと……29

1 おじいちゃんおばあちゃんに思う……30

2 祖父母が自分たちのために……32

(1)「健康」維持・増進 32／(2)「趣味」や「社会奉仕活動」 33／(3)「認知症」予防 34

3 地域に生きる祖父母として……36

(1)地域で子育て中の夫婦への声かけ 36／(2)近所の子どもへの声かけ 38

4 子や孫のために―これまでの振り返りを……39

(1)自分たちの子育ての振り返り 39／(2)「子（息子や娘）育て」で「虐待」は!? 40

第3章 「子（息子や娘）育て」で大切にしたいこと

「子（息子や娘）育て」で大切にしたいこと……45

1 「子（息子や娘）育て」の前提……46

2 子育ての「ねがい」……49

(1)「親としてのねがい」49／(2)「祖父母としてのねがい」50

3 子育ての心構え……52

(1)私の父親の思い出 52／(2)「子育ては一生ふたばマーク（初心者）」54／(3)「子育ては一生ふたばマーク（初心者）」は続いている 56／(4)子育てで百点満点はある？ 59／(5)「子ども（息子や娘）との連携」が重要 66

第4章 「子（息子や娘）育て」で気をつけたいこと

「子（息子や娘）育て」で気をつけたいこと……69

1 気になる子ども（息子や娘）の様子……70

(1)父親として（息子の場合）70／(2)母親として（娘の場合）71／(3)夫婦として 71

2 「何でも相談を！」の姿勢を……72

(1)先輩（祖父母）への相談 72／(2)専門家への相談 73

3 具体的な子育て・孫育てでの配慮……76

(1)「孫が乳児期」のときの子育ての配慮 76／(2)「孫が幼児期」のときの子育ての配慮 81／(3)「孫が小学生」のときの子育ての配慮 87／(4)「孫が中学生・高校生」のときの子育ての配慮 102／(5)その他、子育てで配慮したいこと 104

第5章 孫育てで大切にしたいこと

第5章 孫育てで大切にしたいこと……109

1 孫育ての心構え……112

(1)「『を』の孫(子)育て」ではなく、「『で』の孫(子)育て」を！ 112／(2)「孫(子)育ては『小芝居』で！ 117／(3)「ことばの発達のひな壇」を考えて！ 122

2 「情緒の安定」を育てるために……127

(1)「情緒」の問題 127／(2)「情緒の不安定」な子ども(孫) 129／(3)「情緒の安定」を育てる関わり方 137

3 対人関係＝社会性を育てるために……143

(1)対人関係＝社会性について 143／(2)対人関係＝社会性に弱さのある子ども(孫) 144／(3)関わり方に気をつけること 145

4 ことばや感性を育てるために……149

(1)ことばと感性について 149／(2)ことばや感性の弱い子ども(孫) 153／(3)ことばや感性を育てるために 154

第6章 孫育てで気をつけたいこと …… 167

1 ほめること・叱ること …… 168
(1)「ほめ上手は叱り上手」 170 ／ (2)叱ることについて 171 ／ (3)ほめることについて 176

2 再び「過干渉」と「過保護」について …… 178
(1)「過干渉」 178 ／ (2)「過保護」 180

3 絶えず父・母（息子・娘）を意識して …… 183
(1)孫を抱え込みすぎないように 183 ／ (2)年上の孫を抱えすぎないように 183 ／ (3)家族のいさかい（ケンカ）に気をつけて 184 ／ (4)食生活にも気をつけて 186 ／ (5)「たかが耳垢、されど耳垢！」 189

4 「発達障害」「発達障害の傾向」と言われた孫について …… 191
(1)すべての障害は「連続体」 192 ／ (2)「早期発見」と「よい専門家」 193 ／ (3)困り感のある子どもと関わるときの考え方 197

5 国民的課題にしたい子育てで重要な三つの時期 …… 198
(1)乳児期（0歳） 199 ／ (2)幼児期（1歳半～4歳） 199 ／ (3)小学校前期（6～9歳） 200

第7章 遠距離の「子育て」「孫育て」 …… 201

1 気になる子育て・孫育て …… 202

2 遠隔地の子育て・孫育てで配慮すること …… 207
(1)子や孫とのコミュニケーションの方法 207 ／ (2)遠隔地に住む子どもや孫の帰省 209

あとがき …… 212

第1章
子どもたちの気になる状況

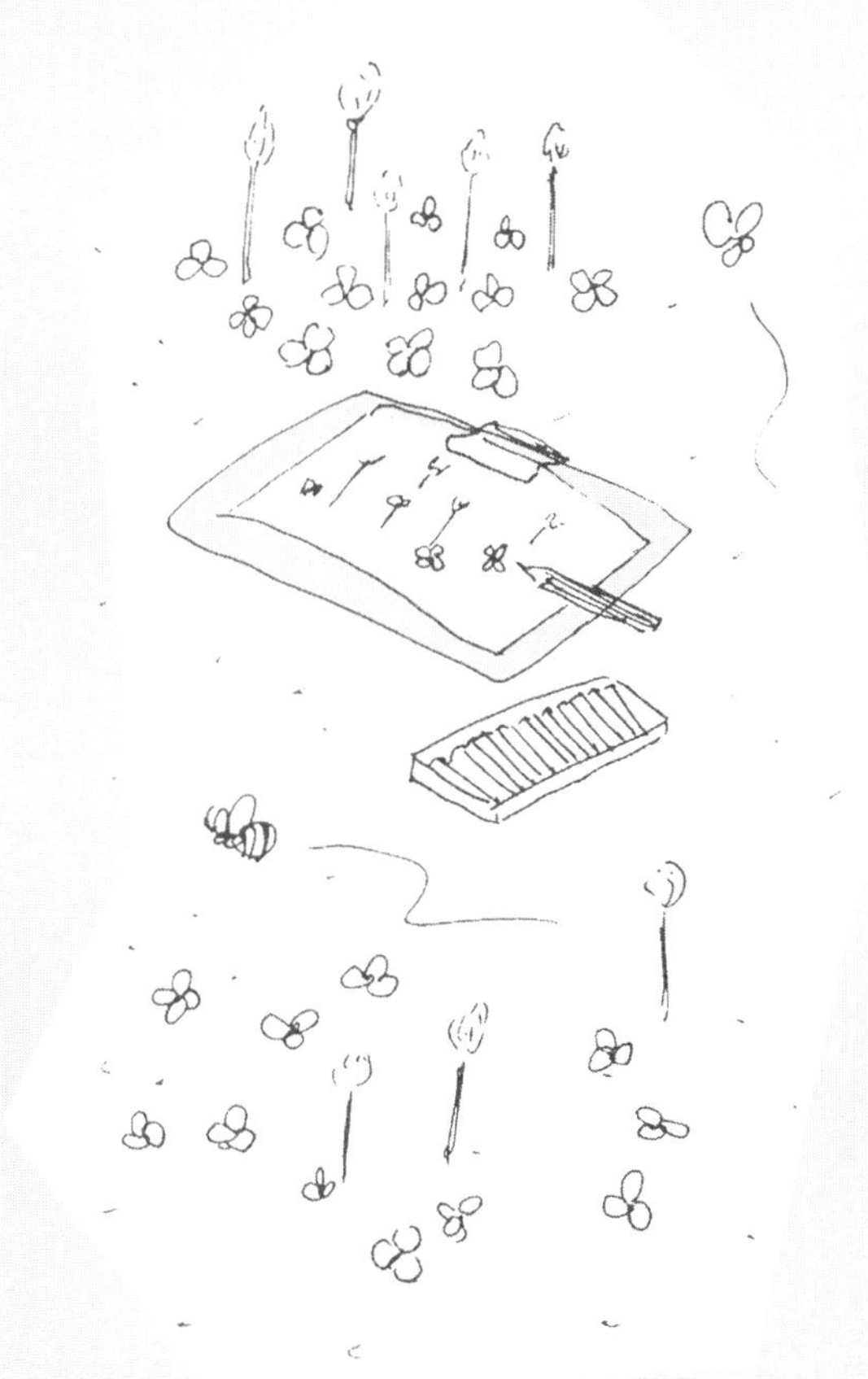

1 発達・教育相談と家族

(1) 私と発達・教育相談

私は、1979年の養護学校義務制で開校した山口県立宇部養護学校萩分校（現山口県立萩総合支援学校）に着任し、2011年3月に退職するまで32年間、同一校に勤務しました。在任中の1983年度から退職するまでの28年間、校務分掌の「発達・教育相談」を担当してきました。幼児、小・中学生、高校生など毎年200～300件の相談があり、そのうち障害のある子どもが3～4割で、「障害」というより「弱さ」のある子どもが7～6割くらいの割合で相談を受けました。

(2) 発達・教育相談の目的と子どもの可能性

私の発達・教育相談では、ほとんどの相談に保護者も同席してもらっていました。関係者（保育園、幼稚園、学校の先生方）と保護者から悩みを聞き、子どもさんの観察後、発達の様子を説明し、関わり方の助言をします。この相談の目的は次のように考えています。

● 子どもが発している「気になる様子（障害や弱さ）」を軽減・克服（発達）していけるように支援（応

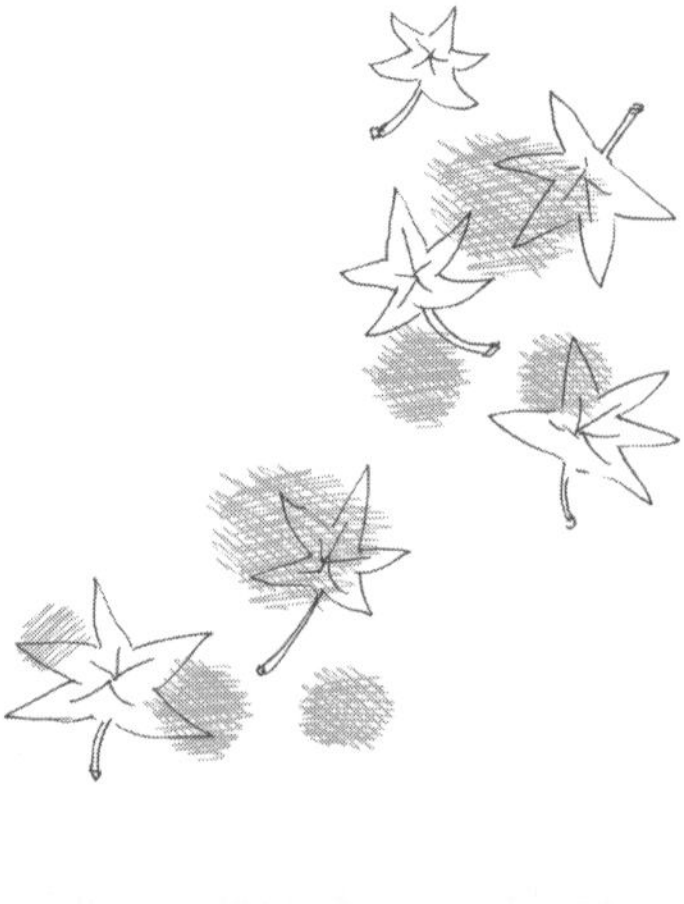

援）するためのもの（「赤信号」を「黄信号」に、「黄信号」を「青信号」に）。

●家庭・園・学校などの生活での関わり方をアドバイスし、保護者と関係者がしっかりと連携していけるように情報を提供するためのもの（子どもはたくさんの発達の可能性をもっているので、適切な配慮があれば必ず発達していきます）。

また、教育基本法では、教育の目的に「人格の完成」と明記しています。しかし、以前からの「知育偏重」の考え方や、10数年前から言われ始めた「特別支援教育」の考え方が普及してきているにも関わらず、「人格の完成をめざしているのだろうか」と思われる「子育て」や「教育」が広がってきているように思えるのです。

30年の発達・教育相談の経験で私が学んだことは、次のことです。

「すべての子どもは発達の可能性をもっているので、社会は、『人格の完成』をめざし、子どもの発達に応じた支援をしていかなければならない」

(3) 発達・教育相談の実際

30数年続けている相談は、以下のように実施しています。

① 保護者・関係者からの聞き取り（30〜60分）

・相談するきっかけとなった悩み（気になること・困っていること）

・日常の生活の様子（家庭と所属機関の様子）

② 対象の子どもの発達検査の実施（40〜70分）

私は、「新版K式発達検査２００１」という検査を活用しています。それは、「現在の子どもの成長・

発達に関する実態を客観的にとらえるために使用するものであり、その結果からその子の支援に役立てるもの」と考えています。

③ **検査の反応・結果の説明**（10〜20分）

検査結果の数値は、私は、「参考程度の情報」と考えるので、数値は気にしません。（ＩＱやＤＱの数値で子どもの発達は見えません。例えば、ＩＱやＤＱの平均値である「１００」という子どもがいてもその子が、3歳か6歳か、または10歳かによって、発達の実態が違うし関わり方もまったく違うのです。）

ここでは、検査のでき方やできなかった様子と、そのことが発達面でどういう意味があるのかを説明します。その子の年齢から考え、どういうよさがあるのか、どういう弱さがあるのか、そしてどういう発達段階にいると考えられるかなどを説明します。

④ **これからの配慮、関わり方の助言**（60〜90分）

発達・教育相談では、子どもの弱さや気になる様子を軽減・克服させるための関わり方を助言することが目的ですから、「家庭や所属機関でどういう力を育てる関わり方が大切か」についてお話しするようにしています。

それらの検査結果の分析から、悩みである気になる様子がどう関連しているのか、関連していないのか、どう関わったらよいのかなどの説明をします。

⑷ 気になる子どもたちの激増

発達・教育相談では、さまざまな気になることや悩みごとの相談があります。

乳幼児期は、夜尿、排便の自立が遅い、偏食、お箸が持てない、服が着られない、テレビが切れない、発音が気になる、ことばが少ない、爪かみがある、指しゃぶり、「わがまま」やかんしゃくがひどい、こだわりが強いなど、子どもの生活習慣や発達に関する相談が多いです。そして、必ず、「どうしつけたらよいのでしょう?」という質問が出されます。

学童期の相談では、生活習慣の悩みは減り、学習に関する悩みが増えます。それ以外では「いじめ」や友だち関係、「気になる様子がある」などがあります。学習面が悩みの相談のはずなのに、ゲームはするのに勉強はしない、布団の中でゲームをしている、ビデオやDVDを繰り返し見ている、マンガばかりを見て教科書を見ない、自分一人でテレビのキャラクターのフィギュアを使って戦いごっこをして外で遊ばないなど、生活面での気になる様子も話されることがあります。

一方、学校(担任)からの悩みとして「気になる様子」も話されます。さまざまな気になる様子が出されるのですが、その具体的な様子として楠凡之氏が「小1プロブレム」として指摘している点を引用します。(『気になる子ども　気になる保護者』かもがわ出版、2005)

①とにかく、人の話が聞けず、落ち着きなく動き回り、授業が始まってもすわって準備ができない。
②教室から勝手に出て行き、なかなか戻ってこない。
③教室の中で平気で消しゴムやパンを投げる。
④何か嫌なことがあるとすぐにいじけて、机を蹴ったり倒したりする。赤ん坊のように大声で泣き叫び、パニックを起こす。
⑤食べ物の好き嫌いが極端に激しい。食べ物も丸呑み状態。
⑥弱いものいじめや乱暴をしたり、何もしていない子を叩いてまわる。
⑦学校ではわがままだが家ではおりこう。母親の顔を見た途端、背筋がのびる。

⑧まったく表情がなく、人と交わることができない。
⑨とても心が繊細で、大人のような気づかいをして疲れてしまう。
⑩ゴミ拾いを頼んでも、「しーらない」「だって僕のじゃないもん」と返事が返ってくる。しかし、友だちが先生の言われた通りにやっていなかったり、約束を守っていないときには、ものすごい勢いとしつこさで攻撃にかかる。
⑪ケンカでは感情にまかせて相手をとことんまで痛めつける。
⑫休み時間中のトラブルを始業のチャイムがなってからも引きずっていて授業にならない。「死ね！」「馬鹿！」などとお互いに大声でののしり合っている。
⑬失敗やできないことをとても嫌がる。今まですごく乗っていた子でも、徒競走で自分がビリになったとたんに学習を妨害する。
⑭「自殺してやる！」と口にして、窓から飛び降りるマネをする。
⑮クラスの子どもの声の大きさ、さわぎ声がストレスになり、以前あった嫌だったことなどを思い出して休む。理由として、目、耳、腹痛、喉の痛みを訴えるときもある。

この本は出版されてから10年がたちました。この10年間で、ここにあげられた気になる様子を見せる子どもが増え、それも「小1」だけでなく幼稚園、保育園の子どもの中に多数見られるようになってきています。

2 教育相談の気になる事例から

相談事例❶　家族の仲違いで不登校になった

家族構成：両親、一人っ子の男子（小3）、父方祖母
悩み…母親：不登校になっているが、どう対処したらよいか。それに近頃、祖母に乱暴をはたらくようになっている

母親から「小学校2年の頃から『友だちが無視した』『意地悪を言われた』ことが理由で登校を渋る。腹痛や頭痛の身体症状も訴えるようになり、3年生で不登校状態に。親は共働きで、昼間は隣に住んでいる祖母の家でテレビとゲームで過ごしている。夕食を両親と食べ、入浴をすませると祖母の家へ行き、そこで寝ている。祖母の家では、無理難題を言ったり、勉強のことを聞かれて怒りだし、物に当たったり、祖母を叩くことがある」

二度目の相談で家族関係を聞き取ったところ、「母と祖母（母にとっては姑）は折り合いが悪く、ほ

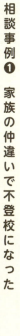

とんど口をきかない状態。父親はどっちつかずのために、父と母との関係も悪化して口をきかない状況」（学校は、「本児が言う『友だちのいじめ』については、ない」とのこと）

三度目の相談では父親も同席。「不登校の原因の一つの可能性としては、本児が大好きな祖母・両親が口をきかないという冷戦状態で、情緒が不安定になっていることも考えられます。不登校の状態が改善するかもしれないので、祖母と両親の三人で話し合いをして、情緒が安定するような関わり方の配慮してみてはどうですか」と、具体的な関わり方もアドバイスをしました。紆余曲折はありましたが、半年後には登校が始まり、1年後には欠席がなくなりました。現在は、社会に出て、自立していると聞いています。（なお、「不登校」の原因がすべて「家庭の不和」ということではありません）

相談事例❷　祖父が「殿様」で、孫が情緒不安定になり、自立できなかった

家族構成：両親、姉、本児（年少組、3歳6か月）、父方祖父母の6人家族

悩み：おとなしいが、視線が定まらず落ち着かない様子が多い。話すことが苦手。

この相談は、保育園が本児の様子に気づき、相談にこぎつけた事例で、両親が同席されました。両親とも、わが子の弱さはわかっておられました。本児は、初対面の私を見ると緊張していました。検

査をし始めて、ほめてあげると本児の表情もほころび、最後まで検査を終了できました。

悩みのとおり、落ち着きがありません。私がことばをかけるのに視線を合わせるのが瞬間的で、じっと見ることができにくい様子でした。検査も、できそうにないと思うと手が動かなくなり、自信のなさも見られました。ことばも「ぼそぼそ」と話す程度で、弱さが顕著でした。知的な発達としては、知的障害かどうかの「境界線」の子どもさんと思われました。

検査後、この情緒の不安定さが気になり、祖父母との関わりについてたずねたところ、父親は、「祖父を怖がっているかもしれません」「祖父は本児がこの家の跡継ぎなので、将来を期待して大変きびしいしつけをしている」「この相談についても祖父には内緒で受けに来ている」

母親は、「嫁の立場なので何も言えません。父親は祖父に意見を言うことなどはできない家族（親子）関係」と話されました。

本児が祖父に注意された後、両親が子どもの気持ちを切り換えさせようとすると、祖父が両親に対して「甘やかすな！」と怒りだし、家庭内の雰囲気がいっそう不安定になるので、両親もわが子に関わることが自由にできない状況だったようです。その後の相談も、祖父には内緒で継続しましたが、緊張している生活に適切な配慮を取り入れることがまったくできなかったこともあり、小学校への就学では「知的障害」と判断せざるを得ない状態になっていました。

もちろん祖父は、特別支援学級への就学を認めることはありませんでした。通常の学級で学習が始まり、祖父が学習を応援したものの、とても学習が定着するのは困難で、そのたびに「見ろ、お前たちが甘やかしたからこんなことになった！」と言い続けられたようです。本児はその後、個別の配慮をしてもらって学習を進めましたが、社会的な自立は困難でした。

相談事例❸ 学校の勉強に対するごほうびを間違えた

家族構成：両親、本生徒（中学2年）、父方祖父母の5人家族
悩み：試験週間に孫が「点数一覧表」を祖父母のところに持って行き、困っている事例

両親が相談に来られた。「点数一覧表」とは、試験週間が発表されると5教科の点数一覧表が書かれていて、その表の中には500円、1000円、2000円とお金の額が書かれているというのです。さすがに、父親は祖父に「やめてほしい」とお願いをしたところ、祖父母も困り始めていたので、2学期には、祖父が「お金は渡せない！」と金額交渉（？）を拒否したそうです。生徒は、「それなら勉強しない！」と逆ギレ。そして、試験週間の途中に学校から呼び出しがかかり、両親が行くと、担任の先生から「息子さんのテストが白紙です。どうかされましたか？」と聞かれたとのこと。

両親に、小学校の頃の様子を聞くと、「共働きだったので勉強などは祖父にお願いしていた。小学校入学後、祖父母が『テストで80点以上なら100円』と決めたことがきっかけ」ということでした。この男子生徒は勉強で苦手さが見えはじめ、発達面での弱さがあったものの、その後の家庭（祖父母と両親）と学校が共通理解をした関わり方で改善していきました。「月ごとの小づかい制」にし、この

生徒の考え方の中に「働いて給料をもらうために今は勉強する」ということを受けとめるようになっていったようです。

3 悲惨な事件や触法犯罪と家族関係

ここで、悲惨な事件について触れます。今も被害者・加害者の親族の方々が生活しておられるので、事件のことを取りあげることに悩みました。しかし、私たちは、同じ日本で生活している者として、「そこから学ぶことで再び悲惨な事件を起こさないような子育てをするように考えることが大人の役割」と考え、触れることにしました。

(1) 悲惨な事件

① 神戸事件(A少年)

「母方祖母、母、父、本人、弟、弟の6人家族」

「同居している祖母は母親のしつけ方に反対し、二人はしばしばAの前で言い争いをした。Aは泣くか、味方をしてくれる祖母の部屋に逃げ込むことによって、母の叱責を回避するようになる。『幼稚園の頃、祖母に背負われて目をつぶった時、あたたかさを全身で感覚していると思ったのがほとんど唯一の思い出であり、祖母はやさしかった』幼少時代のことを聞かれたAはこのように語ったというが、…」

「母親は、Aが幼稚園で恥をかかないように、団体生活に必要な生活習慣や能力をしっかりと身につけさせようとした。…普通の子よりも早めに、きびしくしつけたのである。」

「祖母の死と動物虐待の関連性について明確なことは言えない。しかし、…カエルを解剖したりする行為が始まったのは、祖母の死がきっかけだった、と後にAが供述している」（草薙厚子著『少年A　矯正2500日全記録』文春文庫、2006）

「（祖母と母）2人は毎晩のようにヒステリックに言い争いを行う。しかし父親は、この二人の仲裁に立つことは出来なかった。父親からすれば、それは母娘ゲンカであり、どちらの味方も出来ないと思った…」「母親が弟たちに構うと、ひどく嫉妬して弟たちを叩く。そんなAを母親は激怒して叩く。神経質で、ヒステリーな母親は、まさに激しい形相に豹変し、Aの尻をブラシの柄で叩いた」（大沼孝次著『僕くん殺人事件、12歳少年の犯罪心理』長崎出版、2003）

②連続幼児誘拐殺人事件

「宮崎勤の父親方の祖父は、名付け親であり、多忙な母親に代わって育児の大半を引き受けていたが、…死亡した。その直後から彼の奇妙な言動がはっきりと認められるようになった。祖父の死が、彼にかなりの精神的変化をもたらしたのは明らかであり、それが約三か月後に始まることになる連続

幼児誘拐殺人事件につながった可能性はきわめて高い」（片田珠美著『こんな子どもが親を殺す』文春新書、２００７）

③中二による祖母・父母惨殺事件（1988年7月）

…新聞には連日大きな活字が踊った。「普通の家庭」「バット・包丁で寝室襲う」「冗談好き一人っ子」「礼儀正しい子がなぜ」「勉強！　勉強！　叱責の毎日」「両親の教育熱心　少年は憎悪うっ積」「成績平均以下と小遣い3か月ゼロに」「刺し傷72か所母親に集中」。母親は神経質で子どもぎらいだったため、子どもが友人を家に連れてくることを禁止していたという。…幼稚園には祖母が抱っこして送り迎えをし、食卓も祖父母と囲むことが多かったという。だが、祖母は少年を溺愛しつつも、母親の前では、超難関高に入学した従兄弟と少年を比較した。（嶋﨑政男著『少年殺人事件その原因と今後の対応』学事出版、２００６）

④19歳少年の両親殺害事件

専門学校生が自分の鉄アレイで殴り、両親を殺害。少年は、両親、母方祖父、妹の5人で生活（姉二人は別居）。教員だった両親は帰宅が遅いために少年が4歳頃から祖父が、少年を含む子ども4人の面倒を見ていた。祖父は礼儀作法に厳格。祖父が少年の面前に立つと体が固まるほど「怖い存在」であった。取り調べで、本当は祖父を殺したかったが、「祖父の殺害の邪魔になるので両親を最初に殺した」と供述。初公判、検察側の冒頭陳述で、「祖父を殺害する前に、父親と母親を殺害すれば、祖父に対する恐怖心を克服できるだけの勢いがつく。父親と母親は、自分に小遣いや食事などを与えてくれる便利な存在でしかない」と。（片田珠美著『こんな子どもが親を殺す』文春新書、２００７）

⑤触法犯罪を起こしてしまった少年たち

この『ざけんなよ』は、「犯罪に手を染めてしまった少年少女」の体験記をまとめたものです。

●「『おまえとはもう二度と会いたくない、暮らしたくない』そう言った母の顔を思い出すたびに、いまでもムカつく。自分の子どものことより世間体の方が大事な親なんか、こっちからごめんだ」

●「僕の考えは、他愛のない日常の会話が親と子をつなぎ、そこから信頼関係が生まれて、お互いが理解できると思っている。だから僕を『拒否』した父親を、僕も『拒否』しようと決めた」

●「母さんは、俺に『あんたのために教師を辞めなければならない』と冷たい素振りだった。俺は、心の中で『ざまあみろ』と大声で叫んだ」

●「でも、いまは留置場に入って、なんとなくホッとしています。本当の家族ってなんだろう。親子ってなんだろう」

●「まだ中学生だった私を、おじさんたちは大人として扱ってくれ、とても親切にしてくれた。だって、私がラブホテルのベッドでおじさんたちのすることに少しだけ目をつぶっていれば、おじさんたちはお小遣いをくれた」

（東京母の会連合会編『ざけんなよ』集英社、２０００）

この本の「はじめに」には次のように書かれています。

「彼らが『どうして、そうなったか』という原因の本質、そして具体的な部分を直視し、少年たちの悲痛な心の訴えに耳を傾けて、『どうすればいいのか』を真剣に考えるのが私たち大人社会の責任ではないでしょうか」

ここに書かれていることは、他の少年事件でも言えることと思います。

⑵ 長崎事件・佐世保事件と文科省の対応

長崎事件とは、2003年、成績優秀な中1男子生徒が4歳男児に暴行傷害を加えた後、死亡させた事件、佐世保事件とは、2004年、小6女児が校内で同級生の首をカッターナイフで切って死亡させた事件のことです。これらの相次ぐ少年犯罪で、文科省は専門家の意見を集約して、2004（平成16）年10月に「児童生徒の問題行動対策重点プログラム最終まとめ」を発表しました。この文書の冒頭に次のように書かれているのです。

「子どもによる重大事件の相次ぐ発生は、社会全体に大きな衝撃を与え、学校教育においては教育の原点に立ち返った早急かつ根本的な対応が求められている状況にある。」

そして、次の6点が報告されています。

① 「対人関係能力や社会的適応能力の育成に『愛着』形成が重要」
② 「こころの健全な発達のためには基本的生活リズムの獲得や食育が重要」
③ 「安定した自己を形成するには、他者の存在が重要であり、特に保護者」
④ 「情動の形成は5歳くらいまでに原型が形成されるため、乳幼児教育が重要」
⑤ 「成人脳にも可塑性があり、生涯学習が重要」
⑥ 「前頭連合野の感受性期は、8歳がピークで20歳まで。社会関係の教育と学習が大切」

文科省は、さらに「検討会」を立ち上げ、2005（平成17）年10月に「情動の科学的解明と教育等への応用に関する検討会・報告書」という文書も発表しました。

①家庭内においても兄弟がいない子どもが増え、子どもたちが多様な人間関係を構築するための機会がこれまで以上に少なくなっていることや少子化のもとで親からの過干渉や過保護と不適切な養育環境が子どもたちのこころの発達に影響を及ぼしている。
②核家族化・都市化の進展により地域や家庭の教育力が低下し、子どもたちに多様な教育や体験の場や機会を与えることがまったくできていない。
③基本的な生活習慣行動や食習慣が十分に身についておらず、生活リズムの乱れがみられる子どもが相当数いる。
④高度情報化社会による各種メディアの浸透が子どもたちのコミュニケーションの様態に深刻な影響を及ぼしている。
⑤社会全体の規範意識が低下していると思われる。
⑥物理的あるいは心理的に有害環境に取り巻かれている。
⑦他者への共感性や自尊感情の低いことと子どもたちのこころの問題など

どちらの文書も文科省ホームページから読むことができます。内容は共感・納得させられるものもありますが、もっと考えなくてはいけない課題も含んでいると思います。例えば、子どもを取りまく環境が「有害」となっているのはなぜか、子どもの発達に重要な乳幼児期からの環境がなぜ「不適切」なのか、「物理的あるいは心理的に有害環境」とはどういうものかなど、社会科学的な見方も検討・究明され、社会全体で取り組んでいかなければならないものも多く含まれていると思います。

第2章

自分のために・家族や地域のためにすべきこと、してほしいこと

すべてのおじいちゃんおばあちゃんの願いは、「子どもや孫たちが幸せに生活していけるように」ということに尽きるのではないでしょうか。しかし、みなさん方の生活状況はまったく違うので、子育て・孫育てについての情報提供は大変難しい面があります。まったく違うというのは、「三世代同居か、別居か」、「同居でもおじいちゃんおばあちゃんが働いているのか、家庭にいるのか」、「別居でも近所か、少し離れているのか、遠距離か」、もっと言えば、「孫は、赤ちゃんか、保育園・幼稚園児か、小学生か、中学生か、高校生か」などがそうです。

【祖父母の配慮】についても書きますが、くれぐれも注意しておいてほしいことは、「孫育ての主体は親（息子や娘）である」ということです。

1 おじいちゃん おばあちゃんに思う

おじいちゃんおばあちゃんは、いろんな年齢のいろんな状況の方がおられると思います。まず、私の「高齢者観」ですが、「たとえ高齢でも子育て・孫育ては可能」「高齢者が生きていることそのこと

が、次世代の子育て・孫育てに有用」と考えています。

三世代で生活しておられると、子や孫への気遣いがあるでしょうが、その気遣いも「子育て・孫育て」です。「子育て・孫育て」をしながらも、高齢になる「わが身の老い」も受けとめなければならないわけです。また、自分たちの時間もどう過ごしていくかということも考えておられるのでしょう。例えば、「健康をどう維持するか」「認知症の予防をどうするか」「趣味や社会への奉仕活動はできないか」など。

寂しい出来事を目撃しました。平日の夜9時頃、スーパーに買い物に寄ったときのことです。駐車場には、障害者用スペースにタクシーが一台だけ止まっていました。「障害者の方が買い物かな」と店に入ると、そういう人は見当たらず、家族連れらしい人たちがいました。祖母と思われる方がタクシー会社のユニフォームを着ていました。幼児二人は祖母と手をつなぎ、母親は片手に買い物袋、片手は子どもと手をつなぎ、店から出てタクシーに乗り込みました。一見「仲睦まじい三世代」に見えるのです。しかし、私は「なぜ障害者用スペースに車を置くの！」「それもタクシーの運転手というプロが！」「あなたは娘や孫にどういう姿を見せているの！」という思いがよぎり、悲しくなりました。

子育てについて、「子は親の鏡」とか「親の背中を見て子は育つ」という言い方をされますが、祖父母に関しては、次のように言うことができると思います。

「祖父母の背中を見て子や孫は育つ」

ですから、「祖父母がどういう背中を見せるのか、その見せ方が重要ではないか」と思うのです。たとえ孫たちと同居であろうとなかろうと。息子や娘、孫と関わるときには、みんなが見ているし、聞いているのです。

2 祖父母が自分たちのために

(1)「健康」維持・増進

自身で考えたいことの第一は、やはり「身体の健康」で、身体・手足・手指を動かす運動をすることで現在の健康状態を維持することでしょう。願いとしては「増進」も思いますが、頑張りすぎるとけがをしてもいけませんし、「年寄りの冷や水」と言われるのもシャクですから、体力に応じて励むことが大切なのでしょう。みなさん方はすでに、散歩やジョギング、編み物、家庭菜園などで身体や手指の運動に心がけておられるかもしれませんが…。

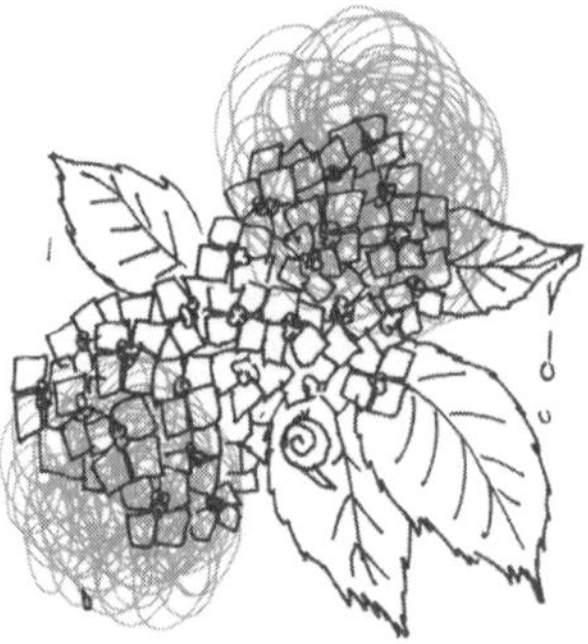

祖父母の配慮

『体力に応じての遊びを』

お孫さんの年齢によっては、散歩は「一緒に公園に行こうか」という声かけもいいでしょう。公園で一緒にブランコに乗るとか、鉄棒にぶら下がるとかボール蹴りをするなど、孫と運動をすることで孫の成長の応援もできるし、自分の運動にもなるわけですから。室内でも、「おじいちゃん（おばあちゃん）と指相撲しようか（腕相撲でも足相撲でも）？」などの遊びもできます。

孫の遊びにつきあうこともあるでしょうが、みなさんがふだんしていることを孫と一緒にやってみるのもいいでしょう。

⑵「趣味」や「社会奉仕活動」

年齢が高くなると「生き甲斐」も大切にしたいことだと思います。「趣味」や「社会奉仕活動」がそれに当たるかもしれません。みなさん方の興味関心を生活に取り込んで充実した生活にすることができる「趣味」も結構ですし、もっておられる力を発揮して社会に役立つこと（貢献）ができれば、みなさんも社会もうれしいことだと思います。そういうときのおじいちゃん、おばあちゃんの生き生きとした姿をお孫さんにしっかりと見せてあげることも「孫育て」になるのではないでしょうか。

祖父母の配慮

『気持ちを表すことばを聞かせ、表情を見せて』

趣味については、お孫さんにも「楽しいよ!」「もっと上手になりたいね」ということばを口にし、そのことばを聞かせてあげてください。お孫さんは、「楽しいことをしているんだ」「挑戦しているんだ」と感じるはずです。そして「おばあちゃんは上手?」と聞いてください。お孫さんが「上手だね」と言ってくれたら、「ありがとー!」「～ちゃんにほめてもらえてうれしい!」「もっと上手になるように頑張ろうー!」とはしゃいでください。お孫さんは、おばあちゃんのはしゃぐ様子を見て、いろいろな感性とことばを育ててくれるに違いありません。

奉仕活動についても、お孫さんに報告してください。「おじいちゃんがね、公園の花壇の花のお世話をしていたら、近所のおばさんが、『ご苦労様です。綺麗な花を見ると気持ちがいいですね』と喜んでもらえたんだよ。人に喜んでもらえると、おじいちゃんもうれしくなるんだよ」と。この話を聞いたお孫さんは、「人が喜んだら自分もうれしくなるんだ」と感じるでしょう。

(3)「認知症」予防

高齢者の間では、「認知症予防」の話題が多いと聞きます。(かく言う私も近年、「物忘れ」が多くなった感があります) 私の父親の晩年には、「わが子の名前がわからなくなるという姿」を見てしまいました。これは人生にとって寂しいことだと思います。「生活習慣病とアルツハイマーの関連」や、投薬による予防が話題になってきています。今後、医学の進歩でこの問題を克服できるかは、私にはわかりませんが、現在いいと言われていることは挑戦してみたらどうでしょう。「健康」維持に関連した「手指の活動」での予防もあるでしょうし、読書のときに音読をすること、簡単な計算問題をしてみること、認知症予防のゲームをしてみることもあるでしょうし、「ボランティアや趣味」で人と関わって会話をすることもあるでしょう。

祖父母の配慮

『孫と一緒に、読み・書き・計算を』

音読については、脳科学者が「音読がよい」と言っておられるようですから、これを孫育てに役立てれば「一石二鳥」になるのです。お家のテーブルや居間の本棚には、おじいちゃんお

ばあちゃんの趣味に関する本と絵本が置いてあれば素晴らしいですね。（5章4－⑶－③参照）

脳科学者は、「計算も有効である」と言っています。お孫さんが小学校中学年まででしたら、宿題をしているときには一緒に「そうそう、おばあちゃんもお勉強があった」と、ちょっとの時間、計算のお勉強をするのもいいでしょう。

「ゲーム」と書きましたが、テレビゲーム、パソコンを使ったゲーム、スマホなどの機器を使ってのゲームのことです。今は、ゲームの開発会社も「認知症予防になる」ソフトを開発しているようです。そのゲームを使ったおじいちゃんおばあちゃんの感想がテレビで放映されました。「面白い！」とか「なんとなく頭がすっきりする」と。そういう感想はあってもいいことでしょう。

しかし、注意をしてほしいことは、「孫の前ではしない方がいいのではないか」ということです。なぜかというと、ゲームにのめり込んでいる子どもの言い分は、「お父さん（おじいちゃん）がしているのに、なんでぼくがしてはいけないのか！」という理屈なのです。

お孫さんと一緒にしてあげたいことは他にもたくさんあります（ゲームを全面否定はしません。家族の中でルールが決められ、家族でできるソフトならいいでしょう）。また、お孫さんから「じいちゃん、ゲームのソフトを買ってー」とせがまれると、ついつい買ってあげることがあります。そんなときは、ゲームの種類（ソフト）について、息子や娘さん（孫の親）と話し合って判断してください。

3 地域に生きる祖父母として

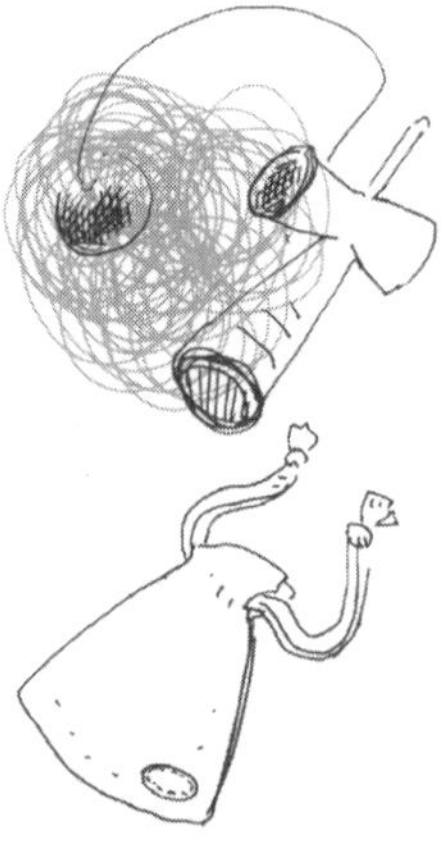

(1) 地域で子育て中の夫婦への声かけ

みなさん方は、いろいろな地域で、人生の先輩として生きておられるのでしょう。私たち家族が経験した、「小松のおばあちゃん」についての思い出をお話しします。この「おばあちゃん」について、私の妻が文集に寄稿したものの一部を転載します。

秋の日の思い出　　石橋恵美子

二十五年前のことです。

長女がちょうど六か月。表情も豊かになって、ますます可愛らしくなってきた頃です。……初めての子なので、育児は手探り状態。毎日が育児と家庭と職場に追われる日々でした。互いの実家も遠くにあるため、頼ることもできない状態でした。…

夕方うす暗くなって、私はいつものように慌ただしく帰宅しました。

「まずは洗濯物、洗濯物」

と、干してあった洗濯物を取り込むために裏口に出ました。すると、洗濯物はなく自転車の荷台に何かが入った水色のビニール袋が置いてあります。不思議に思って見てみると、きれいにたたんだ子どものおしめ（当時は布おしめが主流）でした。朝、出勤前に干していったおしめです。

「誰が？」

…これは、裏に住む「小松のおばあちゃん」しか考えられません。

私は、そのとき、込み上げてきた熱い思いを今でも忘れることができません。…

袋の中のおしめはふんわり暖かく、その日の天気のよかったことを伝えていました。…

すぐにお礼とお断りの挨拶に伺いました。すると、おばあちゃんはいつもの笑顔でこうおっしゃいました。

「今頃は日が短くなって、洗濯物もすぐに取り込まないと湿ってしまいますからね。奥さんは気兼ねされることはないのですよ。あーちゃん（長女の愛称）のためにやっているのだから。」

……それからもたびたびビニール袋に入ったぬくもりのあるおしめが、自転車の荷台にそっと置いてありました。

釣瓶落としのように暮れゆく秋の日は何かしらもの悲しいものです。

しかし、私にはこの秋の日は小松のおばあちゃんのおかげで、懐かしく温かくいつまでも心に刻まれた思い出なのです。（転載するにあたって、妻が「後記」を書いてくれました）

後記　あれから30年余。私があの頃のおばあちゃんの年代に近づいてきました。もし、私の近くに子育て真っ最中のお父さん・お母さんがいたら、おばあちゃんからいただいた数々の親切を今度は私が少しでもしてあげられたらいいと思っています。

みなさん方も「小松のおばあちゃん」のような心遣いをしておられることでしょう。みなさんの息子（娘）やお孫さんが、近くの「おじいさんおばあさん」によい思い出をつくってもらっているかもしれませんね。

(2) 近所の子どもへの声かけ

ご近所にいる赤ちゃんは、可愛いですよね。視線が合ったら、どうしても声をかけたくなりますね。みなさんはすでに実行しておられるとは思いますが、幼児や小学生へのことばかけも大切にしたいと思うのです。

こんな経験があります。私が山口県から岐阜県に転居したある日、家庭菜園で畑仕事をしていると、突然、「こんにちは」という声が聞こえました。小学校高学年の女の子が私に挨拶をしたのです。知らない女の子で、はっとして、「こんにちは」と言ったものの、小声で気持ちが入っていない挨拶だったと思います。私の中のもう一人の自分が、「おまえは、元教師だろう？　もっとちゃんとした挨拶はできないの?!」と。後日、また、突然の「こんにちは！」の声。すぐに、頭を上げ、「こんにちは、お帰りなさい」と、ことばを出すことができました。その子は、もう、前を向いていたのですが、私の声に、顔が振り向きかけたような気がしました（何かを感じてくれたのだろうと、自己満足しています）。

近頃、「通り魔事件」などが頻発し、子どもたちに「変な人がいるから、知らない人に声をかけられたら逃げなさい」としつけなくてはいけない悲しい現実があります。このままでいくと「人としてつながりのある集団＝社会」がなくなっていくのではないでしょうか。私たちが子どもの頃のように、子どものつながりや地域のつながりのある社会を再構築していかなければならないように思うのです。

そのためのささやかなる行動ですが、私の中では「たかが挨拶、されど挨拶」と考えています。子どもたちが「悪い人ばかりではなく、いい人もたくさんいる」ことをわかってくれることを信じて…

4 子や孫のために――これまでの振り返りを

(1) 自分たちの子育ての振り返り

おじいちゃんおばあちゃんは、自分たちの子育てがどうだったか、ぜひ、思い返してください。「きびしかった」「甘やかした」「遊んでやらなかった」など。この「振り返り」で、注意することは、「相手（配偶者）を責めたり、夫婦げんかをしたりするため」ではなく、「自分の子どもが、自分たちと同じような『好ましいとは言えない』子（孫）育てをしていないかを、客観的に見るため」です。

これまでの相談で、次のような「なぜ…?」という疑問の声が出されました。

なぜ、叩いてしつけをしてはいけないのですか。

なぜ、ごほうびを与えてはいけないのですか。

なぜ、優しく（甘やかし）してはいけないのですか。

なぜ、抱っこをしないといけないのでしょうか。

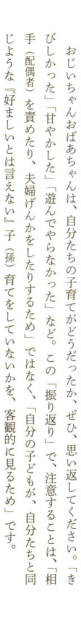

なぜ、添い寝をしなければいけないのですか。

なぜ、絵本を読まなければいけないのですか。

なぜ、食事のときに炭酸飲料をのませてはいけないのですか。

なぜ、ゲームをさせてはいけないのですか。

私は、最初の「叩く」は、「絶対にやめましょう」と言いますが、それ以外のことは全面否定はしません。対象の子どもさんの健やかな発達のために、「度を超えている」様子があるときに、関わり方の工夫をお願いします。ところが、驚くことに「自分もそうやって育てられた。なぜいけないのですか」という保護者の方が結構おられるのです。これが「子育ての連鎖」というものです。

連鎖とは「鎖《くさり》のようにつながること。また、そういうつながり」とあります。その鎖がよいつながりなら問題はないのですが、よくない、好ましくないつながりなら、その鎖は断ち切らないといけないでしょう。もし、みなさん方の子育てで「好ましくない」関わりがあったと思われたら、孫にまでつながらないように息子や娘に話すことが大切ではないかと考えます。

(2) 「子（息子や娘）育て」で「虐待」は!?

みなさん方は、わが子の子育てで虐待と思われても仕方がない関わり方をしたことはなかったですか。あなた方のご両親や祖父母に叩かれたり、ひどく叱責されたりしたことはありませんでしたか。また、自分はしなくても近所で目撃されたことはなかったですか。しつけのための「叩いたり叱責したり」が「虐待」になることがあります。

厚生労働省は、「平成26年度の全国の児童相談所の児童虐待相談件数…88931件（過去最高）」

と発表しています。この数値は、ほんの一部であって実態としてはもっと多いと言われています。この「虐待」は、「肉体的虐待、精神的虐待、性的虐待、育児放棄、その他の『虐待』」の五つに分類してあり、具体的な虐待の例として次のように書いています。

「殴る、蹴る、投げ飛ばす、首を絞める、火傷、戸外締め出し、監禁、食事を与えない、縛る、閉じこめる、愛情遮断、医療を受けさせない、乳幼児を残しての外出、不適切な食事、不潔な衣服、不潔な環境、捨て子、置き去り、暴言、無視、ことばによる脅迫、心を傷つけることば、他の子供との差別、性交、性交の強要、性的暴力、性交を見せる、被写体などに強要、その他」

虐待は、子ども（孫）の人生に大きな影を残すことがあると考えられ、絶対に避けたい関わり方です。2006年頃から、専門の医師が「ADHD（注意欠陥多動性障害）と診断される子の中に虐待を受けている子どもがいる例がある」ことを報告されるようになってきました（私の受けた相談の事例でもありました）。

以前から乳幼児や学童期の子どもが親に殺される事件がよく報道されています。そのなかで「しつけをしていた」という親の言い分が流されますが、これは親の本心だろうと思います。そこで私たち大人が、そして社会が、考えなければいけないことは、「しつけの仕方がわからない親が多い」ということについてです。極端な言い方をすれば「じいちゃん、ばあちゃんが、息子や娘にしつけの仕方を伝えられなかった」と言えなくもないでしょう。別居していたらそれもできないわけですから、やはり、社会の仕組みとして子育てについて情報を発信し続けなければならないのです。

虐待行為でも、「殴る・蹴る」ことは目につきやすいのですぐにわかります。近所の人が虐待の通報をされるのは、こういう肉体的虐待による子どもの泣き叫びがきっかけです。しかし、他の四つの虐待「精神的虐待、性的虐待、育児放棄、その他」は見えにくく、気づきにくいのです。

子ども（孫）は、母親が関わることが多いので、母親のことばで書きますが、次のようなことばも禁句です。「お母さんの子じゃない！」「よそで拾ってきた子ども！」「うちにいなくていい！」「近くに寄らないで！」などのことばは、「精神的虐待」と判断してよいと考えます。

また、「～したらいいよ」「～しなさい」「こうしたらいいよ」「お母さんの言うとおりにしておけば間違いないからね」「～したいんでしょう？」「～したくないんでしょう？」などのことばをかけた後、子どもが意に沿わない返事をしたときに、「よい子ならそれはいけないでしょう！」、「お母さんは知らない！」などと少し突き放す言い方をすることがあるようです。この関わり方は、母親の表情やことばの発し方によって「虐待」になってしまうことがあると考えます。精神的虐待と育児放棄については、「どこまでしつけで、どこからは虐待」という線引きがはっきりしないところが難しいところです。

また、虐待の種類に「その他」というものがあります。ある有識者の方の講演で聴いたことですが、「早期の幼児に長時間の教育教材のＤＶＤを見せることは虐待ではないかと思う」というお話です。これは、幼児の子育てのあり方として考えなければいけない重要なポイントの一つだと考えています。

２０００（平成12）年11月に「児童虐待防止法」が施行されました。そこに「児童虐待に係る通告」ということが書いてあります（アンダーラインは著者）。

「第六条　児童虐待を受けたと思われる児童を発見したものは、速やかに、これを市町村、都道府県の設置する福祉事務所若しくは児童相談所または児童委員を介して市町村、都道府県の設置する福祉事務所若しくは児童相談所に通告しなければならない。」ここで重要なことは「受けたと思われる」

状況で、「速やかに」「通告しなければならない」とある点です。「思われる」ですから、「疑い」でも「通告しなさい」ということなのです。この「しなければならない」という「義務」を負う者は、国民すべてを指しているのです。できたらご近所で悲劇や大きな事件が起きないでほしいと思います。

虐待をする親は、「子育ての連鎖」かどうかということより、その「親自身が心の病気にかかっている」ということも考えられます。子どもを被害から守ってあげるためだけでなく、その親を救ってあげるために、社会全体で「虐待予防」を進めなければならないと思っています。

第3章

「子（息子や娘）育て」で大切にしたいこと

1 「子（息子や娘）育て」の前提

「子育て」では、さまざまな事情を踏まえて関わり方を工夫しないと、みなさん方のせっかくの気遣いが逆効果（お節介）になることがあるように思われます。それぞれの家族の状況や人間関係を考え、祖父母と子ども夫婦が思いを伝え合うようにされることをお勧めします。

①孫とは別居か同居か

「祖父母と子どもと孫の三世代」が同居か別居かは、一番大きい事情であろうと思います。この三世代が同居している場合は、日々が子育て・孫育てです。別居で遠距離のときは「子育て・孫育て」が盆や正月、ゴールデンウィークなど、限られた期間の限られた時間となり、ままなりません。本書では三世代が同居、あるいは近所に住んでいて、祖父母が子どもや孫にいつでも関わることができる家族の場合を中心に話を進めます。

②祖父母と子ども（息子か娘）との関係

これも重要な要素です。もし、子どもが息子なら孫の母親は「お嫁さん」になるわけです。そのお嫁さんの子育ての思いもあるし、祖父母としても遠慮してしまうこともあるでしょう。もし子どもが娘なら孫の母親が娘なわけですから、「お嫁さん」よりは言いやすくなるかもしれませんね。ただ、娘の家族が娘の配偶者の家庭で生活している場合もあり、「孫育てについて言いにくい」状況になるかもしれません。

また、孫が乳幼児期では、その母親と孫との関わり方が重要ですから、祖父母が孫に関わるのに、「母親が、娘か嫁」かによって「気の遣い方」がずいぶんと違うでしょう。もちろん、母親が「お嫁さん」だとしても、祖父母もお嫁さんも大人ですから、「大人のつきあい」をしておけば、大きな誤解は生じないと思いますが…。

母親からの相談で「おばあちゃんから子育てについて『そんな育て方はダメ！』とよく言われる」と涙を流されることがありました。そういう人間関係の中にいる子ども（孫）が、「情緒不安定」になっている事例も多くあります。

それに、血縁上の関係だけでなく祖父母と子どもとの「内面の関係性」も重要です。子ども（息子や娘）が、祖父母に依存しすぎて育ってきたために子育てに自信がない場合や、祖父母に対して反抗的で祖父母の助言を聞こうとしない場合など、20〜30年の親子関係でつくられてきた関係性を考えてから関わらなくてはいけないこともあるのです（前者は祖父母が口出ししすぎて「安心して孫を任せられる」ようにならないかもしれませんし、後者は、祖父母と子ども夫婦の険悪な関係から、孫と関われる機会が少なくなることがあるかもしれません）。

③孫の母親と祖父母の仕事の有無

父親と母親が共働きのときは、保育園や幼稚園の送り迎え、小学校低学年の帰宅時の迎えなどで、みなさん方の協力が必要とされることが多いと思われます。しかし、みなさん方が仕事をしておられると、応援したくてもできないですね。

特に、母親の存在と関わりが重要な時期である乳幼児期には、母親・父親の仕事の有無、そして協力できる祖父母の仕事の有無は、子育て・孫育てに大きく関係する事情と考えます。

孫の母親が専業主婦の場合は、しっかりと関われるので祖父母の協力は不要のように思われますが、「孤立」してしまって、育児ノイローゼになったりする新米ママがいるので祖父母の援助が必要なこともあります。

④孫の親（息子や娘）**がシングルの場合**（一人親家庭）

一人親の場合は、子どもが「情緒が不安定」になる要因が多くなるようです。以下のような事例があります。

- 一人親のために、母親との愛着の形成に弱さがあり情緒不安定になる。
- 祖父母と同居していて、祖父が父親代わり（祖母が母親代わり）をするのに過剰な関わり方があるため、情緒が不安定になっている。

（「愛着」は16ページ「4章―3―(1)」、「情緒の安定」は127ページ「5章―2」を参照）

離婚して一人親になった孫が情緒不安定になる事例では、「両親の離婚」という結果が直接の原因ではなく、別の要因（離婚に至る経過）によると考えられるものもあります。相談では、離婚の経過をお聞きすることがあります。「離婚に至るまでの口論（ケンカ）は子どもの前でもしていた」「父親が母や子へ暴力をふるっていた」「母親が、夫婦のことで子どもに八つ当たりをしていた」など。こういう経験をしている孫は、情緒不安定になってしまうのも仕方がありません。そこで、大人（親権のある親と祖父母）の方からその弱さを軽減・克服してあげられるように関わることが大切です。

2 子育ての「ねがい」

(1)「親としてのねがい」

おじいさん、おばあさん、若かりし頃を思い出してください。知り合った異性が大好きな人になり、その人が配偶者になり、結婚生活が始まり、子どもが誕生しましたね。子どもの成長につれていろいろな出来事が起こり、悩みながらの子育てをしてこられましたね。

● 初めて妊娠を知ったとき…「元気な子どもで生まれてほしい」
● その子が誕生したとき…「たくましく育ってほしい」
● 小学校に入学したとき…「勉強や運動に頑張ってほしい」、「社会に迷惑をかけない人間になってほしい」、「いじめっ子にならないでほしい」
● 中学、高校生のとき…「反抗するようになったが、社会に出て自立できるだろうか」「高校（大学）への進学は大丈夫だろうか」「こんな社会状況で就職できるだろうか」
● 社会人になったとき…「離職しないでほしい」「バイトだが、大丈夫だろうか」
● 社会人として落ち着いたとき…「よい人が現れて、配偶者に恵まれてほしい」
● 結婚して家庭をもったとき…自分たち（親）にどう関わってくれるのだろうか。

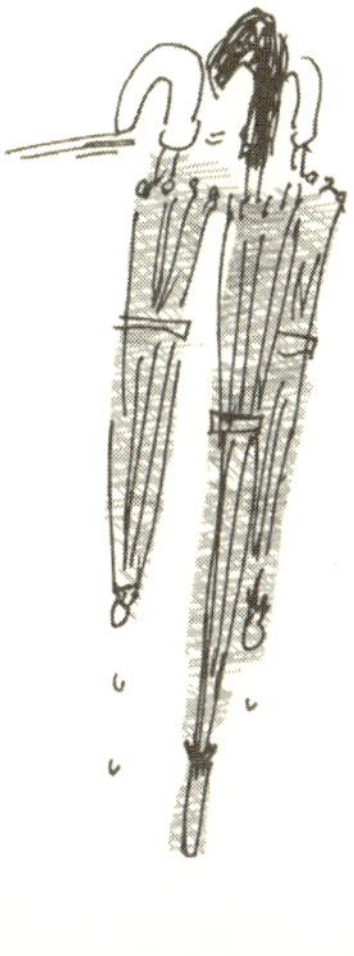

親として願ったことや悩んだことを思い出せばきりがないだろうと思います。その願いや悩みを乗り越える努力をしてこられた結果、みなさんの子どもが子育てをするときがきたのです。ところが、その子どもたちの年代の若い親が、わが子に対してさまざまな事件（虐待や子殺しの事件）を起こしています。そういう親に対して、「なぜそんなひどい仕打ちをするのか」「なぜわが子をあやめるのか」等々、いろいろな疑問がわいてきます。

「そういう親に父性・母性があるのだろうか」ということも考えてしまいます。では、「父性とは何か、母性とは何か」ということを考えます。広辞苑によると、「父性」とは「父としてもつ性質」とあり、「母性」とは「母としてもつ性質。また、母たるもの」とあります。その「性質」はどうやって育つのでしょうか。私は、「父性や母性は、子どもと向き合って関わる中で育つ」と考えています。

「向き合う」とは、「ただの時間の共有」ではありません（「同じ家に住んでいるのに、父親は自分の部屋、母親は居間や台所、子どもは子ども部屋」という状況だけだと、「向き合う」とは言えないのではないでしょうか）。みなさん方は、わが子の子育てで「向かい合って」きましたか。大人になった子どもたちとの「向き合い」は、「直接向かい合う向き合い方」と、「向かい合わない向き合い方（干渉しない方がよいと判断したときは向き合わない）」とがあると思います。どういう向き合い方が必要かは、その時々に考えて判断しなければいけないのです（いつまでも続く、悩ましい親としての課題です）。

⑵「祖父母としてのねがい」

教育相談のときに、いろいろな祖父母の方々と出会い、子ども観をお聞きしました。「息子（娘）を社会人に育てたので、後は自分たちで生きていきなさい」という考え方から、「息子（娘）が心配だから、まだまだしっかりと教えてやらないといけない」という考え方までいろいろでした。

あなた方は、親として子育てに頑張ってこられたので、子どもが社会人になり家庭をもったのに、まだ、わが子の子育てを考えなければならないのでしょうか。私の経験からの結論は、「今の日本の状況では、まだ、絶対に必要！」と考えます。あなた方が若かりし頃に悩んだ「働きながらの子育て」をわが子たちがしているわけですから、心配があっても当然です。その心配はなくならないでしょう。かといって、いつまでも祖父母が「口出し」をし過ぎてもよくないと思います。

あなた方の子どもである「新米パパ・ママ」は、みなさん方と同じように、自分たちの子どもに対して「元気に育ってほしい」との思いを胸に、子育てに頑張っていることでしょう。

相談の事例での「気になる祖父母」は、「過干渉」（過干渉でも、「きびしい過干渉」と「やさしい過干渉」があります）だったり、「無関心」（わが子の自立を信頼してか、ほとんど関わらない）な態度で接しておられる方がありました。この両極端の関わり方は、「適切とはいえない関わり方で、孫によくない影響を及ぼすのではないか」と考えます。ですから「わが子への適切な関わりで、孫によい影響を及ぼす」ように考えていただきたいし、「祖父母としてのねがい」についても考えていただきたいと思うのです。

では、「祖父母としてのねがい」ですが、次の3点があるのではないかと考えます。
①あなた方の息子（娘）夫婦と孫が、仲よく暮らす家族になってほしい」
②「子育てが安心してみていられるような父親・母親に育ってほしい」
③「願わくば、息子（娘）夫婦と孫が、自分たち（祖父母）を敬愛してくれるようになってほしい」（「敬愛」→「うやまい、親しみの心をもつこと」広辞苑）
一番の願いは、やはり、①ではないでしょうか。子どもたちが孫を育てていて悩んだとき、困った

ときに、あなた方祖父母に助言を求め、必要なときには専門家に相談し、その問題を乗り越えていく姿を見ることができたら、祖父母として安心できるのではないでしょうか。みなさんの子どもが、①の様子を見せる親に成長していけば、②の願いにつながるものと考えます。そうすると「③の価値観をもってくれるだろう」とわが子を信頼したいですね。この①から②のつながり、そして③の価値観が育っていくことが「よい子育ての連鎖」だろうと考えます。

「祖父母としての願い」を3点しかあげませんでしたが、それ以外にもありますね。「祖父母が高齢になったとき、孫の世話もしながら祖父母にも気持ちを向けてくれるようなわが子に育って」いればいっそう安心できるし、「心から悲しんで送ってくれる子どもや孫」になっていたら、心中穏やかに「送られる人」になれるのでは…、など。

3 子育ての心構え

(1) 私の父親の思い出

私の父は、晩年、認知症を患い、施設に入所して、91歳で他界しました。施設入所前は、山口県北部の田舎町で生活している独居老人でした。大変寡黙《かもく》な父親で、その当時の父は、家の周りの草取り・

畑での野菜作り、新聞の切り抜き作業などを日々繰り返していました。

私は、父の家から約50キロ離れた所に住んでいるので、時々、家族で訪問していました。父のことばは「おお、来たか」と言う程度。父が作業をしている傍ら、私の家族は、子どもと私がそれぞれ掃除や洗濯、妻は台所の片付けと食事の支度などの役割分担をしていました。

食事のときは、父は唯一の楽しみであるスペシャルドリンク（「日本酒のビール割り」）を自分で準備して、食卓につきました。私の子どもたちが話しかけると「そうか」と相づちを打ち、ニコニコした表情で聞いていました。帰り支度をする頃に、父が、「つよし（私の名前）、ええか、車には気をつけえよ」と、ぼそぼそっと言うのです。冬場は、「カーブの向こうには雪があるからスピードを落とせよ！」と、もう一言増えました。父は、玄関先まで出てきて手を振って送ってくれました。

私は、この父の決まり文句に対して、30代の頃は「ああ、わかったよ」と返事をするか、毎回のことなので「わかった、わかった」と適当に返事をしていたように思います。40代になって、ふっと「父は、なぜ私に同じことを言うのだろう」と考えたのです。おそらく父は、親としてわが子や私の家族が心配でたまらない思いがあり、その思いを「気をつけえよ」ということばで表現しているのだろうか、と考えたときに、「親というものは、子どもがいくつになっても心配なものなのだろう、一生悩むものなのだろう、一生『初心者』なのだろう」ということに気づかされ、「子育ては一生初心者なのだ」ということばを思いつくきっかけをくれました。

父はその後、一人での生活が困難になったので介護施設に入所しました。私の家からは車で1時間半の場所です。父は認知症もあって、家族の近況を話しても「おお、娘がおるんか（いるのか）」という返事ぐらいの状態になっていました。しかし、帰りはいつもの「気をつけえよ」で、見送ってくれました。日がたつにつれてだんだん発することばが少なくなり、視線も合いにくくなってきました。そんな様子になっていても、玄関先まで見送ってくれました。車のルームミラーで父を見ると、父は私の車の方を向いていました。その見送る姿から、「つよし、ええか、車には気をつけえよ」ということばが聞こえてきました。

(2)「子育ては一生ふたばマーク（初心者）」

このことばは、「親になった瞬間から、子育ては、一生（死ぬまで）初心者なのですよ」という意味でつかっています。その「初心者」ということばを、自動車の運転手の初心者を知らせる「ふたばマーク」をもじったものです。**（図1参照）**

図1

さまざまな専門家	
	父母⑩　子ども⑩(就職)
	父母⑨　子ども⑨(思春期 第二反抗期)
	父母⑧　子ども⑧(9〜10歳の節)
	父母⑦　子ども⑦(7〜8歳)
	父母⑥　子ども⑥(2〜3歳 第一反抗期)
	父母⑤　子ども⑤(1歳児)
	父母④　子ども④(乳児)
	父母③　子ども③(乳児)
	父母②　子ども②(新生児)
	父母①　子ども①(妊娠・胎児)

あなた方が結婚し、妊娠がわかってからは、母親になるための食生活や運動への配慮、つわりや妊娠中毒などへの気遣いなど、母体と胎児への心配が始まりましたね。このときは、産婦人科のお医者さんや助産師さん、看護師さん、保健師さんからアドバイスをもらったことでしょう**（父母①）**。そして、子どもを出産し、みなさんが初めてわが子を腕に抱きとめたとき、さまざまな思いがあったのではないでしょうか。そのときが「父母②」ですが、親になった感動とは別に「どう関わったらよいのか」という不安もあったのではないでしょうか。

みなさんの両親や専門家（医師、看護師、助産師、保健師）からアドバイスをもらって子育てがスタートしたと思います。本当の「初心者」です。穏やかな表情だったわが子の顔が曇り、泣き始める（子ども③）と心配になります。専門家が「お乳をあげなさい」と言われるので母親は「そうか、お腹がすいているんだ」と気づき（父母③）、わが子にお乳を口に含ませて授乳をすると泣きやみます。

父母②は、子どもの様子から専門家にアドバイスをもらって父母③に成長し、子ども③に関わり、そういうときの対処方法を覚えるのです。しかし、わが子はまた泣きます。母親はすぐにおっぱいを与えるのですがおっぱいを口にしないで泣き続けます。母親は心配になり専門家に聞きます。専門家は、「この子はね、オナカガスイタというより、遊んでほしいという思いがあるかもしれないので、抱っこして散歩してみたら」と関わり方をアドバイスしてくれます。このことは、子ども④の思いがわからない父母③がアドバイスを受けて父母④になり、わが子に関わると悩みが解決するということになるのです。

月日が経ち、「〜しようね」と関わっていて順調であったわが子が、「いやだ！」「ダメ！」「しない！」と逆らうようになってきて関わり方に悩むのです。そこで専門家は、「子どもさんは、第一反抗期の時期ですから『〜しなさい』『〜してはいけません』という関わり方は不適切です。『〜と〜と、どっちがいいの？』という関わり方をすることが大切ですよ」とアドバイスしてくれます。アドバイスを受けて関わると親子のバトルは激減するのです。この状況は、子ども⑤と思っていたのにいつの間にか子ども⑥に成長・発達しているので、父母も⑤の関わり方ではなく父母⑥の関わり方が必要なのです。

またまた月日がたち、小学校中学年の子ども⑦に成長します。この頃は「子どもと大人の間をゆれる時期」ですから、父母⑦の関わり方をしなくてはいけないと思います。つまり、「『子どもの様子のとき』は子ども扱いを、『大人の様子のとき』は大人扱いを」ということです。次には、第二反抗期、思春期と言われる子ども⑨は、さまざまな信号（気になる様子）を見せます。そこでは、知人や専門家にアドバイスを受けながら親は⑨の関わり方をしていかなければなりません。

これらのことから、次のように考えます。子どもは、成長・発達すると世界が広がり、その新しい世界にうまく適応できないときに「気になる行動」を起こすのです（この気になる行動を「問題行動」と言うことがあります）。そのとき、子どもは、親や先生や友だちの支えでその矛盾と向き合い、ぶつかり、それを乗り越えるとき「問題行動」は減っていき、次の段階へ成長・発達していきます。親も同様に、子どもの気になる行動（「問題行動」）への対応に悩みますが、祖父母や知人、専門家からのアドバイスで子どもへの関わり方を工夫し、その困難を乗り越えていくのです。こうして、子どもの気になることをとおして、「親」も「一歩成長した親」になっていくのです。

学校教育を終えたわが子が、いよいよ社会に出ていきます（15歳、18歳、20歳、22歳など、年齢によって進路先は変わってきますが…）。以前から社会状況がよくないために職に就けない子どももいました。採用されても「臨時」という子どもも増えてきました。子どもが、何とか職に就けたとしたら、「子どもを自立させた」ことになり、親としてはまず一安心です。しかし、子どもを社会的に自立させたのですが、あなた方の子育ては、まだ終わっていないのです。

(3)「子育ては一生ふたばマーク（初心者）」は続いている（図2参照）

子どもさんが社会人になったら次に気になるのが、「結婚」でしょうか。父母⑪は、子どもの異性との出会いです。その相手が「お友だち」か「結婚相手になりそうな人物か」で悩まされます。いろいろな出会いがあり、いろいろな問題点を乗り越えて子どもさんの結婚にこぎ着けたことでしょう。そして、結婚の次はいよいよ「孫の誕生」になります。そうなるとみなさんは「子育ての先輩」ですから出番がきたわけです。赤ちゃんのお風呂の入れ方、ミルクの作り方などは思い出しさえすれば先輩として助言ができるでしょう。しかし、乳児期の子育ては、どうしても孫の母親が中心になるので、祖父母は「出番」に気を遣います（孫の母親が「嫁」だったら、いっそう気を遣います）。

そして、孫が幼児期から学童期になると祖父母の出番が多くなります。

しかし、次のような出来事のときはどうされるでしょうか。

● 孫の母親が家事で忙しく、孫が遊んでほしくて泣いているとき、祖母は孫と遊んでやる方がよいのか、母親の家事を代わってやり、母親が孫と遊べるようにしてあげる方がよいのか。

● 連休で、孫の面倒を見てやりたいが、配偶者（みなさんの子どもの結婚相手）の親も、会いたいだろうから自分たちの方に呼び寄せてよいものか。

● 小学2年の孫を、夜の10時に父親が「宿題をしていないので勉強しろ！」と叱って泣かせている。祖父母の立場で、孫が泣いていても見て見ぬふりをしている方がよいのか、「もう遅いから宿題をしなくても…」と叱る父親を止めた方がよいのか、はたまた、父親に代わって孫に宿題を教えた方がよいのか。

● 中学生の孫が母親に小遣いをねだっていて、『お小遣いはあげたでしょ！　お母さんはお金がないよ！』と口論をしているのを見て、孫の小遣い程度のお金は持っている祖父母は、孫にお金を渡してよいものか、見て見ぬふりをしていた方がよいのか。

いろいろな問題や状況によっては「口を出してよいものか」と悩んでこられたことが多かったのではないでしょうか。そういう状況は、みなさんが自分の子育てでは経験したことのない悩みです。これからもこういう悩みは続くのです。なぜなら、今は「親」ではなく、「祖父母」の立場であり、その立場での出来事は、みなさんにとってすべてが初めての経験（「初心者＝ふたばマーク」）ですから。

そして、高齢の祖父母⑮になっても、孫育てに悩むわが子を見て祖父母も悩まされます。「半分は介護されている自分が、わが子をどう応援したらよいのか、応援ができるのか」と。しかし、たとえみなさんが高齢になって子どもや孫の世話を受けることになっても、「子育て・孫育ての役割はある」と確信します。祖父母⑮⑯も「子育て・孫育て」では重要な役割があると考えているのです。そして…、「お迎え」が来て…、「心の中の祖父母」になっても……。

図2

さまざまな専門家	（心の中の祖父母）	子どもたち⑰	孫⑰
	祖父母⑯（要介護）	子どもたち⑯	孫⑯
	祖父母⑮（高　齢）	子どもたち⑮	孫⑮
	祖父母⑭	子どもたち⑭	孫⑭（乳児期）
	祖父母⑬	子どもたち⑬	孫⑬（乳児期）
	父母⑫	子ども⑫＋結婚相手	
	父母⑪	子ども⑪＋交際相手	

「心の中の祖父母」とは？　これまで私は、「自分の子育ての評価はいつできるのだろうか？」ということを考えてきました。30年前は「わが子が社会人として自立したら親としての子育ては終わり」と考えていました。しかし、私も含め団塊の世代前後の人間の幼少期とは環境が違うのです。いつの間にか子どもや孫たちが住みにくい日本になってしまったのです。こんな世の中を少しでも住みやすくするために、私たち祖父母は、まだまだしなくてはいけないことがあるのではないでしょうか。それをやりきって「子育ての総括（評価や反省）」ができるのではないかと考えるようになりました。私の死生観で言えば、「子育ての評価」は次のように考えます。**（図の⑰の状況です。）**

「私に『お迎え』がきてあの世へ行き、あの世から下界を見たとき、下界の子どもや孫たちが、『いいおじいちゃん（おばあちゃん）だったね』と話している声が聞こえたら、私たちの子育てに合格点をつけてよいのではないか」と。

(4) 子育てで百点満点はある？

①「百点満点の子育て」はあり得ない

神戸事件の「A少年」の両親の手記に、母親が「私は今回の事件で子どもの母親としての大切な何か──どう表現したらよいかわかりませんが、子どもの『お母さん』であることの自信が、まったく崩れてしまいました」と書いています。このことばの裏には、「事件が起きる前までは、お母さんとして自信があった」ととらえることもできます。もしそうなら、その自信が、A少年の内面・思い・悩みを気づきにくくしたのではないでしょうか。自分の子育てに自信をもつことには危険性が伴うような気がします。

相談事例　肩書きで専門家を区別する母親

家族構成：父、母、本児（年少組4歳2か月）の3人家族

保育士の気づきで教育相談に。（母親は、保育園から言われて、しぶしぶ相談を承諾）

保育園の悩み：落ち着きがなく、注意散漫。保育士の話が聞けない。

母親に、子育ての悩みを聞くと「ありません」という返事。悩みの「落ち着きのなさ」を聞くと「家では落ち着いていています」。子どもの発達検査を実施すると、検査に集中する場面も見られました。し

かし、本児にとって課題が難しくなって、失敗したと感じたときなど、側にいる母親を気にして何度も「母の方を見る」様子がありました。私の相談経験から、母親の関わり方の工夫で気になる様子が軽減・克服した事例がたくさんあったので、その関わり方の情報を提供しました。そして、「半年後に経過を観察させていただいてもいいですよ」と提案したところ、それまで私の説明や助言に相づち一つ打つでもなく、表情をまったく変えずに聞いていた母親が次のように言われました。

「ご心配はいりません。私の父親が医者なので〇〇大学医学部教授の先生、〇〇病院の小児神経科の先生（他数名の医師の名前も出た）に相談していますので心配はしていません。子育てはきちんとしていますから！」と言われるとすぐに立ち上がり、挨拶もしないまま帰って行かれました。その子のその後は、保育園でも落ち着きのなさは続き、小学校に入学してからも授業中の徘徊、友だちとのトラブルが頻発、学習面でも遅れがあったようです。その様子は中学まで続き、その後転居されたので状況はわかりませんが、自立は困難ではなかろうかと心配した事例です。


子育てに自信をもっている保護者の方に出会うと、助言することに難しさを感じます。

前述のとおり、「子どもは自分の成長・発達につれて矛盾が生じ、その矛盾に悩みます。その悩んでいる矛盾に親も向き合って親が成長・発達し、その成長した親の関わりの工夫から子どもが矛盾を乗り越えていく」のです。それも、「親は子どもの後を追いかけながら」なのです。後を追っかけているということは、実は「子育てで百点が取れていない」、「子育てが続く限り百点を取ることはできない」のです。子どもも親も人の中で成長・発達するので、子育てで孤立してはよくないと思います。

百点でない子どもと親が共感し合える友だちをつくり、さまざまな人や専門家と力を合わせみんなで成長・発達することが大切なのです。「百点満点の子育てはあり得ない（だけど、百点をめざして！）」

②「過干渉」「過保護」に気をつけて

祖父母のみなさんは、経験と知識がなかった「新米パパ・ママ」時代に、ただただ子育てに頑張ってこられ、祖父母になった現在では、自分の子育てだけでなく人がしてきた子育ても見聞きしているので、経験と知識をたくさんもっておられることでしょう。そのために、父（母）になった息子（娘）への助言が「過保護」になったり「過干渉」になったりする可能性があると考えます。

◎「過干渉」について

まず「過干渉」ということばですが、「広辞苑」では一つの単語としては載っていないので二つのことばで調べてみました。「過」とは「度がすぎること」、「干渉」とは、「他人の物事に強いて立ち入り、自己の意思に従わせようとすること」と出ています。私は、「過干渉」という言い方ではなく、「価値観の押しつけ」という言い方もしています。

相談事例　祖父母と息子・娘（孫の親）の不適切な関係

家族構成：父、母（嫁）、本児（年少組・4歳4か月・男子）、父方祖母の4人家族

悩み：落ち着きがなく、周りの子どもにちょっかいを出す。保育士の指示が聞けない。

母親「祖母が、私のしつけ方、関わり方にいちいち文句を言うので、子どもが不安定になっていると

思います」

祖母「嫁のしつけの仕方がなっていないので、教えてあげようと声をかけるとふくれっ面をし、その後、嫁が孫にきびしく当たるので困っています」

三世代同居の家庭のトラブルでは、よく耳にする内容です。

祖父母のみなさんは、経験と知識と知恵があるので、子ども（息子・娘）に対して「結論・正解」を「こうしたらいい、ああしたらいい」と教えたくなると思います（こういうときに「押しつけ」になるといけないのです）。この助言は、実はおじいちゃんおばあちゃんと子ども（息子・娘）との「関係性次第」で、よい助言にもなるし悪い助言にもなります。

素直な息子（娘）だったり、きちんと関係性のできている親子関係でしたら、祖父が「こういうのがあるぞ」と知らせると、息子が「うん、わかった、ありがとう」と返事があるかもしれません。（ただし、この場合でも「従順＝絶対服従」の関係性のために「ありがとう」ということばが出ることもあるので注意は必要ですが…）。しかし、祖父母と子どもとの関係に乖離があるときは、祖父が「こういうのがあるぞ」と言ったら、息子が「あーわかった。わかったので早く寝て！」という返事で不快になりますね。

祖父母の配慮『これまで経験して得てきた知識を押しつけないで』

究極の「祖父母の願い」は、「わが子の孫育ての自立」でしたね。ですから、第一子の孫でしたら、答えに近いヒントで助言してもよいでしょうし、知恵として答えを教えることがあってもよいかもしれません。そして、わが子（息子・娘）の家には、再び「コウノトリ」が第二子を連れてくるかもしれません。このときは、第一子のときの経験から、授乳の仕方とか入浴のさせ方などは、祖父母の手を借りなくてもこなすことはできるでしょう。だからといって、祖父母の協力なしで二人の子どもを育てることは大丈夫かと言えばそうではないですよね。

わが子（息子・娘）は、二人の子どもを同時に育てる経験も初めてなので、やはり不安はあるでしょうから、祖父母の協力は必要になります。そう考えると、みなさんの「子育て」は、「どこまで助言したら過干渉で、どれくらい手を出したら過保護か」の判断が難しいですが、考えなければいけないことです。さらに悩ましいのは、わが子（息子・娘）の配偶者（お婿さん・お嫁さん）側のご両親の思い（考え方や関わり方）も考えると、よけいに気を遣ってしまいます。

こういうときは、おじいちゃんとおばあちゃんのお二人が、ケンカをしないように話をして、考えることがよいでしょう。そうして子どもたちへの関わりでは、「こういう方法がよいのではないか？」とか、「私たちはこんな方法でやってみたのだけど、あなたたちはどうしたらよいと思う？」というような言い方、つまり「一緒に考える」という姿勢で臨む言い方が適切ではないかと考えます。そうすると、子育てに前向きに挑戦する子ども（孫の両親）の姿が見えてくるようになると思います。

◎「過保護」について

「過保護」については、「広辞苑」に「子どもを育てるときに、必要以上に面倒を見ること」とあります。やはり気をつけたい関わり方です。

相談事例　祖父母が孫の親になっている?!

家族構成：父、母、本児（年中組・4歳半）、父方祖父母の5人家族
悩み：ことばの表現が弱く、集団に入れない。「保育士に抱っこ」が多い

この相談には若い両親と祖父母が同席。子どもの日常の様子については、ほとんど祖父母が答えていました。三世代の生活の様子を立ち入っておたずねすると、意外なことがわかりました。「若い夫婦は共働き」「夕食などの家事の多くを祖父母がしている」「夕食後は、若夫婦の友だちとの付き合い（スポーツや飲み会など）で自由」「若夫婦の帰宅は10～11時」「孫を寝せるのは、祖父母の寝室で」など。この状況を、祖父母が喜んでいるので、若夫婦は安心して任せているし、自分たちも生活を楽しんでいるので家庭内での問題は感じられないのです。

これは、「過保護そのもの」と言えると思います。祖父母の「孫が可愛くって仕方がない」という気持ちは理解したいのですが、この状況は改善していただくように助言をしました。「もし、祖父母が急にいなくなった」と仮定して、説明をしました。①「祖父母がいなくなった不安からの情緒の不安定を、関係が十分に育っていない両親が支えていけるかどうかわからない」②「孫の両親は子育て

がわからず途方に暮れるでしょう。場合によっては『虐待』ということになるかもしれない。このことは、あなた方の子ども（息子・娘）も不幸だが、一番の不幸はお孫さんではないでしょうか」と。

相談事例　祖父母の過干渉で自立に悩む子ども（孫の親）

家族構成：父、母、本児（小1・女子）、妹（年中）の4人家族（母方祖母は90キロ離れた所）

悩み：集中力が弱く学習に参加できていない。学習に遅れが見られる。

母親：「実の母親（祖母）にしつけ方や勉強のさせ方を聞くのだが、どうしてよいかわからないために、ついつい子どもを叱ってしまう」

祖母にも相談に来ていただき、「母親と祖母」のことをおたずねしました。祖母は、「この母親が幼少の頃から大人になるまで、しつけや勉強、人とのつきあいなどをていねいに教えてきた。娘が結婚して独立した後も、食事について、孫の関わりについて助言している。自分の娘が妻として、母親としての役割をきちんとこなしているか心配なので、ひんぱんに電話をしている」と話された（この娘は、母親の助言が「過保護」から「過干渉」に思えてきているが、逆らえないでいる）。

そして娘（母親）は、「自分で考えたい」→「自分ではわからない」→「わが子にひどく当たってしまう」→「祖母に聞く」→「自分はダメな母親では?!」と思ってまた振り出しに戻る、という悪循環で、この娘（母親）はノイローゼ気味になっていました。

祖母の「心配性の過保護・過干渉」という様子から、祖母が重要な役割を果たしていると思われたので、祖母の関わり方を工夫するように助言し、実践してもらったところ、「母親がノイローゼ気味、孫が情緒不安定」という状態が、その後は改善していきました。

祖父母の配慮　『よい専門家との出会いを勧めることも…』

祖父母のめざす子育ては、「孫育てが安心してみていられるような父親・母親に育てる」ことです。この事例では、孫の母親が「母親になれない」でいるのです。「親」になってもらうために、祖父母は「どこまで口を出すか、どこからは子どもに任せるか」の判断をしなければなりません。悩むようでしたら、よい専門家に相談して関わり方の情報をもらって関われば、不適切な関わりは予防できるのではないでしょうか。

(5)「子ども(息子や娘)との連携」が重要

「祖父母と子(息子や娘)の連携」ということは、前述の「子育て連鎖」と同じように重要なキーワードと考えます。

例えば、祖父母、両親、小学1年生の五人家族がいたとします。学校からの連絡帳に「○○さんは掃除にすごく頑張りました」と書いてあったとします。

その連絡帳を見たおじいちゃんが、

祖父「○○ちゃん、掃除に頑張ったの？　先生から何か言われたの？」

○○「うん。『すごく綺麗にできた』って、みんなの前でほめてくれた。」

祖父「そうか！　それは頑張ったね。先生にほめられてうれしかったでしょう？」

○○「うん。うれしかった！」

祖父「おじいちゃんもうれしいなあ。○○ちゃん、お母さんが帰ったら教えてあげなさい」

○○「うん!!」（このあと、お母さんの帰りを今か今かと待つことでしょう）

母が帰ると、彼は大急ぎで報告するでしょう（お母さんは忙しくても、話を聞くためのこの4～5分は付き合ってあげてください）。

母「どれどれ…、あ、本当だ。書いてある。ほめられてよかったね。うれしかったでしょう。おじいちゃんも喜んだの？　お母さんだってうれしいなあ！」

このあとは、おばあちゃんもお父さんも同じように話に加わって、一緒に喜んであげるとよいですね。こういう祖父母と子ども（孫の両親）とが一緒になって子どもに共感してあげることが「連携」と考えます（父・母・祖父母が共通理解して、それぞれが演じる様子を「小芝居」と考えます。117ページ5章―1―(2)を参照）。

第4章
「子（息子や娘）育て」で気をつけたいこと

1 気になる子ども（息子や娘）の様子

みなさん方の子ども（息子や娘）さんで、ちょっと気になる様子はありませんか。その具体的な例をあげてみます。ただ、以下の様子が子どもさんに見えたからと言って過剰な反応はされませんように（「虐待」は別です！）。

(1) 父親として（息子の場合）

- 孫と関わっていますか。孫に関わることを避けていませんか。孫をお嫁さんに任せっぱなしではないですか（仕事の都合で十分に関われないことはあるでしょう）。
- 孫に対して、ふざけあったり、声をかけて話を聞いてやるような様子はありますか。
- 孫との関わりで、認めてあげることばかけが多いですか。叱ったり注意したり、ダメ出しする言い方が多くありませんか。
- 家庭に帰ってから、「父親として」というより「自分のため」の趣味に時間を使いすぎてはいませんか（例えば、一人でゲームに向かう、ビデオやＤＶＤを見る、インターネットやギャンブルにはまっている、その他、頻繁に飲み会等に参加して家にいることがほとんどないなど）。

(2) 母親として（娘の場合）

● 孫と母親が関わっているとき、笑顔が多いですか。
● 孫が母親の顔色をうかがう様子が、多くありませんか。
● 孫に対して、叩いたり蹴ったりすることはありませんか（これは「虐待」です！）。
● 孫へのことばかけで、叱ることばや感情的なことばが多くありませんか。例えば、「バカ！」「うるさい！」「あんたなんか……！」「知らない！（無視する）」「いつも同じことで……！」などと感情的にどなりつける（これも「虐待」の可能性があります）。
● 孫への食生活は、努力していますか（「食事を与えない」「食事にお菓子やジュースが多い」などは、「虐待（＝育児放棄）」になることがあります。ゲームや携帯・スマホに向かってばかりで、子どもと関わらないようでしたら「虐待」になるかもしれません）。
● 家事や育児でふさぎ込んでいる様子はありませんか。悩み過ぎてはいませんか。
● 専業主婦で、ほとんど外に出ないし、子ども（孫）とも外出しない。

(3) 夫婦として

● 夫婦としてうまくやっているようですか。
● 夫婦で子育てや家事の分担を協力しあっているようですか（息子・娘の家庭の事情により役割分担に違いがあるでしょうが、大きな不満がなければ可でしょうか）。

2 「何でも相談を！」の姿勢を

(1) 先輩（祖父母）への相談

祖父母も孫の両親も、孫が乳児期（赤ちゃん）の頃の成長・発達については、意見の違いはないと思われます。その孫の健やかな成長・発達のために、「私たち（祖父母）もあなたたち（両親）に協力をするから、わからないこと、気になることがあったら聞いてね」と、「できる限りの協力」を伝えておくとよいと思います。その孫が「子ども夫婦の第一子」だったら、なおさら重要です。第一子の両親は、すべての出来事が初体験ですから、とまどったり悩んだりすることばかりです。特に、出産直後の時期は、夫の母親（お姑さん＝祖母）も相談相手になってあげることもいいですし、新米の母親が話しやすい祖母（自分の母＝祖母）が気を遣ってあげるのももちろんいいでしょう。

祖父母の方々は、子育ての経験があるので失敗も含め、たくさんの知恵をもっていると思います。そういう経験からの知恵は、大いに「新米の親」に授けてほしいと思います。（ただし、「お説教」のような話し方にはならないように注意が必要かも…。）

お孫さんに何か「問題」が起きたとき、「ここは、全面的に手伝ってあげるべきか、部分的に手伝うべきか、『自分でやってみたら？』と見守るのがよいか、または専門家の相談を勧めるべきか」を

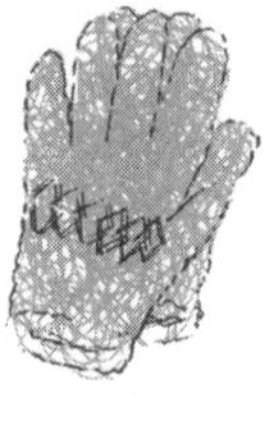

両親の経験や孫の年齢等、そのときの状況に応じて判断し、協力することが求められます。（ただ、祖父母の体調や両親の状況によって一概には決められないこともあると思いますが…）

⑵ 専門家への相談

ここで言う専門家とは、病気や健康面ではお医者さん、乳児期から幼児期の子育てでは保健師さん、幼児期や学童期では幼稚園や保育園の先生・学校の先生、児童相談所や教育センターの専門家、発達心理の専門家など、多くの職種の方がおられます。孫育てで起こるさまざまな悩みについては、いろいろな専門家から多くの情報をもらうと参考になると思います。

専門家の活用について、「虫歯の治療」（歯科医師）と「発達の支援」（発達の専門家）の例で考えてみましょう。

孫の歯磨きを手伝ってあげたところ、歯と歯のあいだに黒いものが見えたとします。気になるので爪楊枝で触ってみるとそれが取れ、よく見るとゴマだった。「ああ、これは黒ゴマか」ということがあるかもしれません。しかし、爪楊枝でこすってもそれが取れないときは、「ひょっとしたら虫歯かな」と考え、歯医者さんへ連れて行きますよね。歯医者さんに、ちょっと治療してもらえばそれで安心です。早期に発見して早期に対応すれば、お孫さんの苦痛もほとんどなく、治療も簡単なのです。ところが、虫歯の発見が遅く、対応も遅れてひどい虫歯になった場合、通院のための時間や経費がかかるだけでなく、本人にも大変な苦痛を味わわせることになります。「虫歯」に関しては、「親の反省」もありますが、まだ取り返しがつくことがあります。それは、幼児期から学童期にかけて「乳歯が永久歯に生え替わる」という時期があり、「永久歯こそは、虫歯にさせないように注意しよう」と新たな関わり方ができるのです。また、いろいろな病気でも内科的処置や外科的処置で患者の苦痛を取り除いてもらえる方法があるのが医学です。

しかし、こと人間の発達に関しては、乳児期から連続しているので、医療的処置（内科的外科的）のように短時間・短期間で弱さを改善させる方法はありません。だからこそ、子ども（孫）の発達に関しては「弱さ」の早期発見と「弱さ」への「早期対応」が必要なのです。私は、「弱さの早期発見と適切な早期対応があれば、発達の弱さの軽減・克服の可能性は大である」と考えています。「適切でない対応」には注意しましょう。

相談事例　自立に悩む青年への対応

家族構成：両親、兄、本人（相談者は結婚していて別居。両親と兄とは同居）
悩み：兄が引きこもっている。自分に何ができるのか

ある先生から「実はプライベートなことで相談したい」ということになり、話を伺いました。「私の兄のことで悩んでいます。私の兄はある有名大学を出たんですが、就職できないで家に引きこもっているのです。私は両親に『兄の状況はよくないので、誰かに相談に行ったらどうか』と言ったら、親は教育関係者で、地域では有名なこともあってか『そんな恥ずかしいことはできない！』と言ってまったく聞く耳をもちません」というものでした。引きこもっている青年のご両親は、「家庭内のことを外の人間に相談することは恥ずかしいこと」と感じておられるのでしょう。

「聞くは一時の恥、聞かぬは一生の損」ということわざの意味は、「人にたずねた自分は、一時は恥ずかしいが、聞かないと自分が一生損をする」ということです。しかし、ここでみなさんにわかっていただきたいことは、この事例の場合の「一時の恥」はご両親かもしれませんが、「一生の損」になるのはご両親ではなく「引きこもっている兄」であるということです。

子どもの気になることは、保育士や先生からの気づきがきっかけになることが多いです。これは、保育士や先生は、多くの子どもを見てきているので、子どもの年齢を考え「この子のこの様子は、弱すぎるのでは…」ということに気づきます。そして、さらに観察し、その状態が続くとその子の保護者に話をされると思います。ですから、私は、「子どもに関わっておられる方のその気づきの多くは間違ってはいない」と考えるので、できるだけ早く専門家に相談した方がよいと考えます。そのときは、「様子を見ましょう」とだけ言うのではなく、「弱さがあるようなので、~や~の関わりをしてみて経過を見たらどうですか」と助言する専門家と出会いたいですね。重要なことは、「~や~の関わりをして」という家庭でできる関わり方の情報をくれる専門家の相談を受けることです。

3 具体的な子育て・孫育てでの配慮

お孫さんの年齢や発達の段階によって祖父母の配慮を書きますが、「みなさんが子育ての先輩」として助言してほしいポイントをあげておきます。

(1)「孫が乳児期」のときの子育ての配慮

◎愛着と援助について

乳児期の子ども（赤ちゃん）にとって大切なことは、過ごしやすい環境を整えてあげることであり、その環境で「愛着」体験をたくさん経験させてあげることが大切です。

文科省が発表した「情動の科学的解明と教育等への応用に関する検討会・報告書」（平成17年10月13日）には、「子どもの対人関係能力や社会的適応能力の育成のためには適切な『愛着』形成が重要である」という項目で、以下の説明があります（ラインは著者）。

愛着とは、人と人との間で形成される相互の親和性（相手と一緒にいることを望み、一緒にいることで大きな安心感、満足感を感じられる関係）のことである。愛着には、「相互的な関係」「情緒的満足感」「身体接触的関係」という要素が不可欠であり、「身体接触的関係」という点で友人関係とは異なるものとなる。子どものこころの健全な発育のためには適切な「愛着」形成が重要である。

愛着は、情動、さらには他人とのコミュニケーションや対人的適応能力を発達させるための機能的準備系になると考えられる。保育者との愛着によって、子どもの対人関係能力や言語能力が伸長することから、乳幼児期からの親子関係をはじめとした人間関係が重要であることがわかる。虐待体験のある子どもでは、心的外傷後ストレス障害（ＰＴＳＤ）やその他の神経症性障害などの他、集団逸脱行動・非行・犯罪などの社会的行動の問題が見られやすいことからも、愛着形成が適切な対人行動・社会性の発達に重要なことが理解される。

もちろん、初期の母子関係のみが人間関係を発達させる決定要因なのではなく、乳幼児期に十分な「愛着」体験がない場合でも、後に適切な愛着形成が行われたことにより人格的に大きく成長した事例が報告されており、後からでもやり直しがきく部分があると考えられる。

また、近年では、「愛着」体験の不足だけでなく、過剰な「愛着」体験が子どもの自我の確立や自立性・社会性の発達を損なうことも指摘されてきている。

いずれにしても、愛着を考慮して、乳幼児期から対人関係能力や社会的適応能力を涵養する教育が重要である。

祖父母の配慮

『〝おっぱいの時も顔を見ていてあきないでしょう〟と…』

孫が乳児期のときは、特に、母親との「愛着」体験を十分に経験させることが子どもの発達には重要と考えます。そういうときの祖父母の役割は、母（父）と子が「愛着」体験をたくさんできるように、母親が安心して落ち着いて授乳できるように配慮することです。

授乳のときには気をつけてほしいことがあります。母親が「ながら授乳」をしているようだったら、これはできるだけやめさせたいものです（「ながら授乳」とは、授乳のとき、母親が「テレビを見ながら、スマホしながら授乳する」という状況）。

実は人間の赤ちゃんは不思議な力をもっています。生後一か月もすると、「黒い二つの点（人の目）を見る」という力を持ち始めると言われています。お母さんが視線を合わせ、お母さんが声を聞かせると、「ああ、これがお母さんの目だ～、ああこれがお母さんの声なんだ～」、そしておっぱいを飲みながら「ああ、気持ちいいな、うれしいなあ！」と、母親からの関わりによって赤ちゃんは五感を育てていくのです。

もし、お母さんはテレビを見ながらの授乳をしていたら、黒い二つのもの（母親の目）を見ることはできません。見る力がありながら、その二つのものがないとなると、視覚で母親とつながる経験が弱く、他の人と視線を合わせることも不十分になっていくことが予想されます。その後、黒い二つのものより刺激の強い情報（テレビ、DVD、スマホなどの機器）に出会うとそちらの方に視線が向くのは必然です。そうなるとその赤ちゃんが将来、人と視線を合わせるということができにくくなっても不思議ではありません。

視線だけでなく、母親の「おっぱいはおいしい？　いっぱい飲みなさいね」という声やことばを聞かせて、母親との関係から社会性・ことばを育てていく大切なときに、テレビからの「雑音（赤ちゃんにとっては）」が耳に入ってくるわけですから、お母さんへの「愛着」体験はいっそうできないでしょう。最初に認識する人であるお母さんとの関係が育たないということは、その後の赤ちゃんの対人関係を育てる（＝社会性を育てる）ことに弱さをもってくることも、連想されます。ですから、やはり「ながら授乳」は極力やめてほしいと思うのです。

しかし、「仕方がない状況がある」ことも知っておく必要があるかと思います。私の娘が出産し、私がおじいちゃんになって初孫と関わったとき、新米の母親は夜中でも2時間半おきくらいに授乳をするのです。「起きて授乳をするために深夜にテレビをつけている」状況にたいして、私は「ダメ出し」はできませんでした。

新米ママの悩み

「毎日毎日、子どもと向き合うだけだったので、時々は離れたいと思うときがあった」

祖父母の配慮

『新米ママは息抜きがあってもよい』

お孫さんが乳児期の場合は、産後しばらくは、祖父母は全面的に「介護役」になり、その後は孫の母親の「補助役」という立場がよいのかもしれません。そう考えると「孫と母親」の関わる時間をつくってあげるようにしながらも、時々は「孫の母親」の買い物や散歩に出る時間をつくってあげて気分転換を図れるようにしてあげ、その間に「孫育て」で協力をするということもあるとよいでしょう。

新米ママの悩み

「テレビに出てくる赤ちゃんと違い、可愛いと思えなかった」

(この新米ママは、子どもを望んでいなかったのに妊娠・出産したようです)

祖父母の配慮

『新米ママが安心できることばかけを』

こういうことばを口にする新米ママは、不安も多く、いろんなことで悩むのです。祖父母の役割としては、母親(父親)に母性(父性)本能にスイッチを入れてもらうためにも次のようなことばがけをしてあげるとよいと思います。

「かわいい孫だね」「かわいいね、どっちに似たのかな?　あなたに似ているね」「お父さん似でよい顔立ちだね」「お母(父)さん似で美人(美男子)だね」など。

日本の困った現状として、「人間関係が希薄になってきている」とか、「変な人に気をつけよう」などと言われていて、対人関係が育ちにくい状況があります。そういう現実の中で、孤立した新米ママが事件(虐待や子殺し)を起こしています。もし、みなさんの近所に新米ママ(パパ)がいるようでしたら、こういうことばかけをしてほしいですね。新米ママ(パパ)は、そのことばを聞いて励まされるでしょうし、育児のストレスが軽くなるかもしれません。何よりも、母性(父性)本能にスイッチが入るきっかけになるかもしれません。ただ、社会的存在のおじいちゃんおばあちゃんの親切が、「小さな親切、大きなお世話」のどちらに受けとめられるかは「関係性」によるので、その点に注意して新米ママ(パパ)の応援をしてあげたいですね。

(2)「孫が幼児期」のときの子育ての配慮

この時期のお孫さんは、人との関わりが広がり、遊びも広がっていく時期です。そういう時期だから「孫と親」の関わりがもてるような祖父母の配慮が大切です。

①家事について

「孫の母親が家事で忙しく、孫が遊んでほしくて泣いているとき、祖母は孫と遊んでやる方がよいのか、母親の家事を代わってやり母親が孫と遊べるようにしてあげる方がよいのか」こういうことで悩まれることがあると思います。

相談事例　『共働きで、孫に関われない親（祖父母の子ども）』

悩み：「祖父母は家にいて、保育園への送り迎えをしてもらっている。私は、夕方6時前に帰って急いで食事の支度から後片づけ。その間、祖父母が子どもと遊んだり風呂に入ったり。ほとんど子どもと関わることができません」（母親の悲しい叫びです）。

祖父母の配慮　『子と孫との親子関係と、ことばを伴った感性が育つことを願って』

お孫さんが幼児期の場合は、「祖（父）母が家事をすることが多い方がよいのではないか」と思います。この事例のように「祖父母は時間があるが、両親は共働きで時間がない」状況の場合は、特にそう考えたいですね。そうした方がよい理由は、「幼児期に親子がふれあえる時間をつくってあげるために」です。

次のような会話が、「祖父母と子の連携」ではないかと考えます。

祖母「どう、○○ちゃん、お母さんと遊んで楽しいでしょう」

孫「うん、たのしい！」

母「おばあちゃん、台所、ありがとうございます。○○ちゃん、おばあちゃんがね、台所をしてくださったので、お母さんと遊べたんだよ。おばあちゃんにお礼を言わないとね」

母孫「おばあちゃん、ありがとう！」

祖母「いいですよ。おばあちゃんはね、○○ちゃんとお母さんが楽しく遊んでいるのを見るとうれしいのよ」（この祖母のことばも大切です。孫は「なんで人が遊んでいるのを見てうれしいのだろう」と思うかもしれませんが、そこを感じさせてあげたいものです。その後、母親がもう一言声かけをしてもらったら、言うことがありません。おばあちゃんがいない所で…。後述する「ことばと感性」5章4－(1)参照）

母「○○ちゃん、遊べて楽しかったね。おばあちゃんは本当にやさしいおばあちゃんだね」

この会話は、例えば、母親が専業主婦で祖父母は働いている状況なら、母と祖母の役割と台詞は入れ替わるかもしれません（5章－1－(2)「小芝居」117ページ参照）。

②入浴について

「入浴」時の祖父母の協力について考えてみたいと思います。教育相談の事例でも子どもの情緒の安定が、親や祖父母との関わりで改善できた事例はたくさんあります。その関わりで大切な生活場面の一つが「入浴」で、次のように助言します。

「入浴は、お父さんお母さんと子ども（孫）での家族風呂がよい」と勧めています。もちろん住宅事情と季節にもよりますが。この助言は、「子どもさん（孫）が嫌がるであろう小学校高学年まで続けてよいです」とも助言します。なぜここまで、家庭生活まで踏み込んだ助言をするかというと、こういう場面での関わり方を通して子どもの情緒が安定し、気になることや悩みも改善する事例がたくさんあるからです。

相談事例　孫への〝自立〟や〝親離れ〟の強要

母親からの悩み：「祖父（母）が『○○ちゃん！　もうすぐ小学校なんだからいつまでもお母さんと一緒にお風呂に入らないの！』としつこく言うのです」（他の例では、こんなことばも…『お兄ちゃんなんだから、もう一人でお風呂に入りなさい』『お母さんと入らずにおばあちゃん（おじいちゃん）と入ろう！』）

祖父母の配慮　**『子と孫との親子関係を育てるための側面からの援助を』**

祖父母が、母親の台所片づけを代わってあげて「みんなでお風呂に入ってらっしゃい」と家族風呂を勧める。お風呂から上がってきたら、「みんなでお風呂に入れてよかったね。○○ちゃん、楽しかったでしょう？」と声かけし、その後の会話のやりとりは、前ページの「家事」のやりとりと同じでいいです。（その後、父・母がもう一言声かけを。おばあちゃんがいない所で…）

③「大好き」について

情緒の安定で大事なことは、「人に好かれる」経験と、「好かれることがうれしい」ということばを伴った感性の育ちの有無ではないかと考えています。

相談事例　〝おかしをくれるから、すき〟でいいのでしょうか？

悩み：母親「おじいちゃんが、4歳の孫に『誰が一番好きか』と聞いて、『おじいちゃん』と答えたら『そうかそうか』と言って、孫にお菓子を渡すのです。お菓子がほしくなると『おじいちゃん、好き！』と言ってお菓子をねだるようになったのです。」

正直言って、この関わり方はよいとは言えないですね。

祖父母の配慮　『祖父母も〝大好き〟をたくさん』

『祖父母と子（息子や娘）の連携』で、次のような会話を奨励します。誰からでもよいので積極的に話してください。三世代みんながそろっているところで、祖母が息子さんに聞いてください。

祖母「（息子に向かって）お父さん、聞きたいことがあるんだけど…」

父「なに、おばあちゃん？」
祖母「お父さんは、私やおじいちゃん、お母さん、○○ちゃん、□□ちゃんの中でだれが一番好き？」
父「なんだ、そんなこと。私は、おばあちゃん、おじいちゃん、お母さん、○○ちゃん、□□ちゃん、みんな一番好きですよ」
祖母「おばあちゃんも一番好きと言ってもらえてうれしいね」
祖父「そうか。おじいちゃんも一番好きなんだ。うれしいな」
母（嫁）「○○ちゃんも、□□ちゃんも、お母さんも、一番好きって言ってもらえてうれしいね」
こういう会話を聞いた孫は、「みんな大好き！」ということばを身につけることでしょう。もちろん孫の本音は「一番好きなのはお母さん」ですが、ここはこれでいいのです。

④「早期教育」について

読み書きを早い時期（1〜3歳）から教える保護者がおられます。

みなさん方の子育てでは、この早期教育をやらせましたか？　やらせた方は、やらせてよかったですか？　やらせなかった方は、やらせなくてよかったですか。この両方とも、賛否が分かれると思います。

気になる事例がありました。ある幼稚園の年中組さんで、絵本がすらすら読めて、ひらがなも書けていた子どもがいました。その子が小学校3、4年から学習の遅れが目立ち始めて、高学年では勉強についていけなくなり、学校から「特別支援学級に変更してはどうか」と言われたことが原因で転校した子どもがいました。「専門家へ相談」の項でも書きましたが、早期教育を受け一流大学を卒業したのに、就職できずに引きこもっている青年もいます。

また一方では、小学校入学までまったく読み書きの勉強をさせられなかった子どもが、「理学博士」になり、海外の研究機関で遺伝子の研究をする仕事についている事例もあります。

相談にこられた保護者が「周りの親が読み書きを教えているので、私も教えたいが…」という相談があります。子どもさんの生活年齢や発達の状況から黙認することもありますが、多くの場合は「今はもっと大切なことがあります」と別の視点の情報も提供することが多いです。そのときは、次のような説明もします。

「お母さん、○○ちゃんの一日が25時間ならば一時間を文字の指導に当ててもよいです。でも、みんなと同じ24時間ですから、今しなくてはいけないことを優先する方が重要だろうと考えています。幼児期ですから『聞く力、話す力』を育ててあげてください」と助言しています。ただ、実際に文字の学習を始めておられる場合には、文字指導が行き過ぎないように関わり方を助言します。

祖父母の配慮

『年齢や発達段階に応じた関わりをすることが、基本』

子どもが早期教育をやりすぎている様子があったら、祖父母はブレーキ役をしてほしいと思います。そして、孫はストレスをためているはずですから、笑顔を取り戻してあげるように関わってあげるとよいですね。そして、おじいちゃんおばあちゃんは「ひな壇」の下4段を育てる関わりをしてあげることですね。「5章-1-(3)」の「ことばの発達のひな壇」参照。

たくさんの相談の経験から、私は一定の結論に達していますが、みなさんの孫のお父さんお母さんと話し合いをして、「早期教育」についての判断を考えてみられたらどうでしょうか。

(3)「孫が小学生」のときの子育ての配慮

① 勉強について

小学校や中学校の子どもの相談の悩みで一番多いのは、やはり「勉強・学力」に関することです。(小学校低学年が「足し算で指を使わないとできない。漢字が苦手」、学年が上がると「わり算が苦手、算数の文章題が苦手」「作文が苦手、文章読解が苦手」)

相談事例　家庭を学校・塾にしている

家族構成：両親、本児(小2・女子)。(幼稚園年長組から三回目の相談)

悩み：学習に遅れがある。年長組のときの悩みは「ことばの弱さ」。

発達検査の様子と結果から、「情緒の不安定さが顕著、結果もよくない状況(一年前の検査結果から足踏みをしている様子)」と思われ、関わり方を慎重におたずねしました。

母「年長のときはそうでもなかったのですが、1年生になりテストもよくないので夫婦二人で毎日勉強を教えてきました。よくないでしょうか。」

石橋「先ほど『絵本の読み聞かせはしていない』ということでしたが、勉強の方が忙しくてできなかったということですね。どういうふうに家庭学習をしているんですか。」

母「夜の七時には3人とも食事も入浴もすませ、それから10時まで3時間、勉強を教えています。宿題を中心に、一人で正解が出せるまで繰り返し教えています。」

石橋「ご両親で頑張ってこられたのですが、検査で見ていただいたとおり、一年前と比べ注意の集中ができなくなっています。数やことばに関しても伸びが見られません。『家庭を学校にする』のはやめませんか。このままでは、彼女は勉強嫌いになります。」

その後、子どもとの関わりを工夫された。本児のその後は、情緒も安定し、中学校まで継続相談した結果、希望する高校に進学。今は社会人として自立しています。

親は子どものためにと思って一生懸命に教えている宿題なのですが、毎夜3時間も両親にサンドイッチ状態で学習をしいられ、本児は勉強嫌いになりかかっていたのです。

祖父母の配慮　『優先順位を間違えないように』

孫の両親が共働きだと時間的余裕がないので、イライラして宿題を教えることがあります。そのときは、祖父母が代わり、ヒントもどんどん出して教えてもよいと思います。

私は、この事例で大切なことを学びました。「家庭で勉強を教えることはあってもよいが、ただ一つだけ注意点があります。それは、子どもを勉強嫌いにさせるような教え方をしないでほしい」ということです。

みなさん方から、両親（息子や娘）には、「家庭での勉強のさせ方が悪いと『勉強嫌いになる』らしいから、気をつけよう」とつぶやいてみてはどうでしょうか。

②「いじめ」について

「いじめ」問題は社会問題化しています。「いじめ」がきっかけで自殺する子どもも出ているくらい大変な問題であり、子どもも大人も真剣に考えなくてはいけない課題です。そういう問題だからこそ、「慎重に考えてほしい」と思います。いじめのような事象が起こったときは、「社会性を育てるために対処してよい出来事」か「社会的に許してはいけない肉体的・精神的な暴力」かの区別が必要だろうと考えます。言い換えると「切磋琢磨」か「いじめ」か、ということです。人間の発達的な視点で言えば、「この二者は二分法で考えてはいけない、区別しなくてはいけないもの」と考えています。

相談事例　〝クレーム〟ではなく、相談を

ある幼稚園の園長からの相談。**悩み：**「子どもの父から苦情が寄せられた」

園長：「年長の子どもの父親がおっしゃるには『うちのAが遊びに入れてもらえないことが何度もあるようだ。これはいじめではないか。そういうことを言う子どもをきちんと指導してほしいし、そういう子どもと関わらせないでほしい』」

担任：「『遊びに入れてやらない、と言った』と言われているBさんは、特別に『いじめっ子』と思われるような子どもではない。いじめられたと言われたAさんともよく遊んでいて、Aさんを泣かせたとか、Aさんを無視して一人ぼっちにさせたとかいう状況は見たことがありません」

この相談では、幼児期なので「子ども同士でケンカはするが、すぐに仲直りする」発達段階の子どもさんと考えます。この父親が園長先生にわが子を思って相談されたことは悪いことではないのですが、「いじめではないか」という判断と「そんな子どもと遊ばせないでほしい」という要望は、もう一度考え直してほしいことだと思いました。

石橋：「父親へは次のように話されたらどうでしょうか。お父さんの思いはわかりました。ご要望にそって配慮するように担任に話をしますが、一点確認しておきたいことがあります。私（園長）も幼児教育に長年関わってきて考えているのですが、幼児期から子どもたちに育てたい力の一つに、『人との関係調整能力』というものがあると考えています。お父さんがおっしゃるように、友だちからトラブルを起こされないようにするために友だちとのふれ合う場を少なくしたり、極端に言えば、友だちとふれ合う場をなくしてしまったりしたときに、Aさんの『人との関係調整』の能力が育つか心配になります。お父さんがそれでもよいとおっしゃるのなら、Aさんが友だちからちょっかいを出されないように気をつけさせます、と」

（後日談：園長「父親へお話ししたところ、『よくわかりました。では、いじめにならないような配慮をお願いします』

というお考えを聞きしましたので、特別に配慮することなく生活をさせています」その後、保護者の方からの「苦情や相談」はないとのことでした。）

相談事例 〝いじめ〟や〝悩み〟だけを聞く!?

家族構成：母と本児（小2・男子）の二人
悩み：学習で弱さがある。1年生の頃からいじめられている。
母親「小学校に入ってから『いじめられている』と訴えてくる。担任に聞くが『そういう様子はない』と言われた」
現担任「1年生のときの担任から聞いていたので気をつけてみているが、二人は意見の違いはあるが、いじめというようなトラブルは確認できていません」

改めて母親に本児への幼児期からの関わり方をお聞きした。
母「母子家庭なので、周りからいじめられてはいけないと思い、保育園の頃から『誰かにいじめられたらママに言いなさいね。』と言い聞かせてきました。」「夕方、仕事から帰ると家事に追われてお勉強も見てやれません。話もゆっくり聞いてやれません。子どもに申し訳ないと思っています。でも、『いじめ』についてはしっかり聞いて先生に相談しようと思ってこれまでやってきました」
石橋「お母さんの思いはよくわかりました。母親として当然のことを考えて子どもに関わっておられるのですね。そこで、ことばのかけ方にひと工夫してみませんか。子どもさんは、友だちとの不快な出来事を『いじめ』と考えたかもしれません。私は、『彼が嘘を言っている』とは思いません。工夫してほしいのは、お母さんが彼にことばをかけておられる『誰かにいじめられなかった?』という質問をやめて『今日だれと遊んだの?』と聞いてみてください。もし、遊びの様子を話してくれたら『そう、それは楽しかったね。友だちっていいね。友だちがいっぱいできるといいね。明日も話を聞かせてね。お母さんも楽しくなるよ』と話すのです。そして、勉強の話はあまり聞かなくていいですよ」

半年後の継続相談での母親の話：「助言をされたとおり、子どもと話す機会を増やしました。相談を受けた日から『いじめられた』ということは言わなくなり、友だちと遊んだことばかり話しています」

祖父母の配慮

『いじめの判断は慎重に』

みなさん方の子どもさんから「うちの子（孫）がいじめられている」という話を聞いたら、不愉快な気分になったり、「怒り」の気持ちがわいてきたりするかもしれません。でも、そこは「経験豊かな祖父母」ですから、状況を聞いたところで、親（息子や娘）には「担任の先生と相談しなさい。いじめの判断は慎重にしなさいよ」と言ってみてはどうでしょうか。園や学校の先生への相談は遠慮しないで相談されたらよいと思います。それは、幼児保育や教育や学校現場では、この「いじめ」については真剣に考えて配慮するように共通理解されてきているからです。（ただし、両親や祖父母が話をするとき、先生と相談するときなどは、その子ども（孫）がその場にいない状況で話す方がよいです。）

子ども同士のトラブルに対応するときに一番気にかけておいてほしいことは、「子どもの年齢や発達段階を踏まえた関わりをする」ということです。極端に言えば、「A君がB君を叩いた」という出来事があったとき、子どもが中学生でしたら、先生はA君に対して「君は何をしたかわかってるな。どう反省しているか言ってみろ！」と言うかもしれません。もし子どもが年長組の子どもだったら、先生は同じように言うでしょうか。私は、このときの大人の指導・支援の「中身」が子どもの人格の発達に影響していくと考えています。

私は、子どものトラブルについては、幼児期から小学校中学年までは大いにぶつかり合い、叱られたりほめられたり、泣いたり笑ったり、けなしたり励ましたり等々、いろんなぶつかり合いを経験させたいと考えます。そのぶつかり合いの経験が人間関係・社会性を育てるための「切磋琢磨」につながっていると考えるからです。（言い方を変えると「ぶつかり合う経験がない『温室のような世界』で、『感性』や『人との関係調整能力』は育つのか?!」ということも考えています。）小学校の中学年までは、子ども（孫）さんとは真剣に向き合って話を聞いてあげてよいでしょう。そのときのあなたは、「共感の表情（悲しい・悔しい等）」があってもよいのですが、「顔の表情は穏やか」を忘れないでほしいです。（保護者として不快な、怒りがこみ上げるような話だったとしても、「穏やか」がよいと思います。なぜなら「心の傷になることを予防するために」です。）

また、小学校高学年頃からは、子どもが一度大きく衝突するとその子ども同士はしばらくは口をきかないこともありません。中学校はもっと顕著です。場合によってはその衝突以後、関係が修復しないことがあります。子どもたちのトラブルでは、年齢、発達段階に応じた関わりで、深刻な人間関係に発展しないように配慮したいものです。

大切なことなので、もう一度言います。子どもの発達という観点からは、「幼児期から小学校中学年までのトラブルは、『切磋琢磨』と判断してよい場合が多いと思います。ただ、3〜4年生の場合は『いじめ』と判断した方がよい場合があるかもしれないので慎重な対応が必要！」と考えます。「10歳の節」を越えていると思われる小学校高学年以降のトラブル（「いじめ」の可能性が高い）については、親子だけでは情報の量、客観的な情報が入りにくいために判断がいっそう難しくなることが考えられます。学校の先生や専門家の協力を得て適切な対応を考えていくことがよいでしょう。

③テレビ・ゲーム（DVD・パソコン・携帯・スマホ・タブレット）等について

みなさんの子ども（息子や娘）さんは、小さいときにゲームやテレビに夢中になっていませんでしたか。ここにあげた事例は、少し極端な事例かもしれません。それぞれ「依存症」ということばが付くような状況の大人がいます。そうなると「心の病」ですから、専門家に相談することを勧めます。どの事例も大人の「趣味」の問題ですから、祖父母が言い方を間違えて「親子の断絶」になってはよくないと思います。くれぐれも言い方には注意してください。事例では、父親を例に説明していますが、実際には母親の事例もあるので、みなさん方の娘さんの「趣味」についても、子ども（孫）さんへの悪い影響がないかどうかは観察してほしいですね。お父さんと違ってお母さんの場合の「依存症」のような様子は、「虐待」（事例では、育児放棄や精神的虐待）につながっている事例もあります。そういう傾向が見られたら、すぐに専門家に相談された方がよいでしょう。

相談事例　子ども（孫の親）の度を超えた趣味・1

家族構成：父、母、本児（小3・男子）、妹、妹の5人家族

悩み：学習が遅れてきた。落ち着きがない、集中力がない。ゲームは好きだがさせてもらえない。父親が「ゲーマー」で、子育てに協力しない。

対象児の検査の結果から「情緒面での弱さが見られる。本児は力はもっているのに学習で結果を出し切れていない」と考えられ、母親にもう少し家庭の状況を聞きました。

石橋「お父さんの協力もあるとよいのですが、何時頃に帰宅されますか」

母「5時半頃には帰ります」

石橋「それなら、お父さんに子育ての協力もしてもらえますね」

母「主人は、5時半頃に家に帰ってきます。帰ったらすぐ冷蔵庫からビールを取り出し、テレビの前に座り、ゲームを始めます。『お父さん、ご飯！』と呼んでもすぐにはこず、きりのよいところでゲームを止め、食事に来ます。さっさと食べてまたゲームです。私たちは、4人で食事とお風呂をすませ、10時頃に寝ます。主人は1時頃に寝ていると思います。一切家事、子育てに協力してくれません」

石橋「お母さん、大変ですね。…お母さんが子どもさんにできる関わり方についてお話しますので少し工夫してみてください。…それからご主人ですが、次回の相談で一緒に同席してもらえれば『お父さんへのお願い』として、お話をしてみますよ」

母「はい、子どもには関わり方を工夫してみます。以前主人に聞いたことがあるんです。『私たちとゲームとどっちが大事なの！』と。そしたら主人は『そりゃあ、ゲーム！』と言ったのです。でもそれを聞いて、スッキリした気持ちになりました。私に考えもありますので大丈夫です」

半年後の継続相談の申し込みでは、子どもさんの名字が変わっていました。その後、本児の発達の経過は良好でした。

近頃は、「ゲーム」という総称で評価できなくなっている感があります。ゲームをする機器が、初期は娯楽用のゲーム機だけだったのが家庭用テレビゲーム機となって家庭に入り込み、携帯用ゲーム機が出現してどこでもゲームができるようになり、パソコンでもゲームができ、携帯電話でもゲームができるようになり、今では「スマホ」というものなら、いつでもどこでもゲームができるのです。ゲームが場所を選ばなくなっただけでなく、宝探しのようなゲームから「殺人」ゲーム、今では認知症予防のゲームから、赤ちゃんの子育てに使えるアプリ、そしてついに文科省は携帯用ゲーム機やタブレットを学習に使用する研究をさせ、実際に利用するところまで進化してきました。こういう「ご時世」になっていますので、どう考えたらよいのでしょう。みなさん方の「わが子」が、ゲームに興味がない大人なら一緒に考えやすいのですが、もしゲームにはまっている大人なら話の仕方が難しいですね。

祖父母の配慮　『メディアとの接触は最小限に、そして、慎重に』

そういう状況でも、あえて重要な点を2点、「わが子」に提案してはどうでしょうか。①仕事の疲れを癒すために自分だけの時間を使うことは悪いことではない。②子ども（孫）がいるときは、悪い影響が出るようなソフトは気をつける。「悪い影響が出るようなソフト」とは、例えば「殺人ゲーム」のような物で、これは、絶対に子どもの前ではしてはいけないと思います。みなさんは、「孫」のためにぜひとも話題にして、親にも一緒に考えてもらいたいですね。

相談事例　子ども（孫の親）の度を超えた趣味・2

家族構成：父、母、本児（小3・男子）、弟、の4人家族
悩み：学習が遅れている。落ち着きがない、集中力がない。ゲームやテレビが好き。父親は子育てに協力してくれるが、偏っている。

対象児の発達検査の結果から、「情緒面での弱さが見られる。本児は力はもっているのに基礎・基本の学力に弱さがあり学習に困難さが見られる」と思われました。

石橋「お母さんも働いておられるし、夕方も忙しいので、お父さんの協力で関わり方を工夫されるとよいですね」

母「主人は、6時頃には帰り、子どもと関わってくれますが、帰るとすぐに子どもと一緒に、録画しておいた戦隊物のビデオを繰り返し見ています。食事も食べて、お風呂も一緒に入れてくれますが、さっ

さとすませる目的は、ビデオを見るためなんです。寝るときは、子どもたちが『ママがいい』と言うので、私が入浴後、子どもたちを寝かせます。そのときは、主人は、自分の部屋へ行き、自分のビデオを見ています。録画機は3台あって、見ながらでも録画できるようにしています。大体夜中の2時くらいまで見ているようです。お笑い番組、映画など、『なんでも』録画しているようです。録画したのを見るのに必死ですね」

石橋「今のお話からすると、夕方の忙しい時間に子どもがお母さんの所に来て、足手まといというようなことはないのですね」

母「そうです。台所にしろ、家事をするのに一人でできるので安心して家事はできるのですが、勉強ができていないことを考えると、このままでよいのかと悩みます」

石橋「お父さんは、勉強について気にしていないのですか」

母「気にはしていますが、どうしてやったらいいかがわからないので、毎日同じ流れで過ごしていて、悩んでいます」

石橋「では、お父さんも気にはしておられるので、今日は帰って『子どもさんが勉強で困り始めているし、家庭で気をつけたらよいことがあるので、お父さんと一緒に話を聞いて参考にするように、と言われたから』と話してください」

再度、両親が同席しての相談を実施し、初回の相談時の反応と結果を説明しました。そして、学習面の弱さは発達面の弱さからきていることを話しました。父親は真剣に説明を聞いた後で、「何をしてやったらいいですか」と質問されました。そこで、お父さんが帰宅してからの関わり方（サッカーやキャッチボールなどの遊び、学校の出来事の会話、ヒントを出しての宿題等々）を助言しました。そして、「お父さんがテレビが好きなことはお聞きしましたが、ここ1～2年が重要な時期ですから、工夫してください。子どもさんの一生に関わる重要な時期かもしれません。」と話すと、真顔で「わかりました」と返事をされました。

その後は、父の趣味も工夫して、家庭学習にも配慮され、学校生活を続けました。ただ、小学校3年までの基礎・基本の学習の弱さがあったので、高学年まで苦労していましたが、中学校では学習面・人間関係などでは困ることはなかったようです。

相談事例　子ども（孫の親）の度を超えた趣味・3

家族構成：父、母、本児（小2・女子）、妹の4人家族

悩み：学習が遅れている。ボーとしていて、集中力がない。父親は子育てに非協力的。

対象児の様子を聞くと、学校では「ボーっとしている」様子だが、家庭では「ぴりぴりしている」らしい。発達検査では、近くに座っている母親が気になるために、視線が母親の方に向く様子が頻繁に見られた。結果からは「情緒面の極端な弱さが見られたものの、ことばに関してよい力を見せている」と判断しました。

石橋「お母さん、検査の途中、お母さんを気にしているのですが、なぜでしょうね」

母「私がよく叱るので、気にしているのでしょう」（苦笑）
石橋「お母さんは仕事があるので、時間に追われてイライラしますね。ご主人の協力はどうですか」
母「仕事が済んだらパチンコへ直行します。土日は朝からです。家に帰るのは、夜の11時前後です。実際は、母子家庭です！」
石橋「子どもさんとはまったく遊んでくれないのですか」
母「日曜など、私がケンカ腰になって言うと、渋々半日つきあってくれる程度です」

母親へは、「イライラはわかりますが、子どもさんへは当たらないように気をつけましょうね。子どもさんは、ことばの力があるので、情緒が安定していけば学習面でも頑張っていけると思います」と話し、工夫を助言しました。その後は、両親が関わり方を工夫されたこともあり、学校での様子や学習面も改善していきました。

『子どもたちに自覚がなかったら、祖父母が気をつけた助言と専門家を』

祖父母の配慮

以上の三つの事例は、どれも二世代の家庭です。祖父母の方にはなかなか見えない家庭の状況ですね。こういう生活環境で、はたしてお孫さんは健やかに成長・発達するのでしょうか。

祖父母として何ができるのでしょうか。

お孫さんが日頃、親と関わることができる時間は、小学生の子どもの場合、「両親が共働きしている家庭だと、母親が帰宅してから4時間弱」、これが関わることができる時間でしょう。

この時間をどういうふうに過ごすかが大切だし、重要だろうと思います。直接関わることができる時間は、1時間あるでしょうか。

ここでは、みなさんの娘や息子がテレビ、ゲーム、携帯電話などの依存症、その傾向があったときに孫のためにどう助言するのかということを悩みますよね。子育てや社会生活・家庭生活に支障がない「趣味の範囲」はよいと思いますが、それらに支障をきたしている場合は、あなた方のことばかけが必要ではないかと思います。

わが子の健康や孫の成長・発達を気にするのが祖父母ですから、うるさがられない程度に、様子を聞くことがあってもよいのではないでしょうか。配慮としては、気になるわが子（息子や娘）については、「専門家への相談」がよいでしょう。本人は、「自分が変」とは思っていないでしょうから、相談に行くかどうかはわかりません。そのときは、みなさん方が専門家に相談し、配慮の助言を受けることです。その情報をわが子（息子や娘）に上手に伝え、生活の工夫を勧めることです。できたら、本人が専門家に相談に行くきっかけになるとよいですね。

(4)「孫が中学・高校生」のときの子育ての配慮

相談事例　祖父母と思春期の孫が不幸な関係

家族構成：父、母、本人（中2・男子）、祖父母の5人家族
悩み：試験の点数が出ない。集中力、意欲がない。ゲームをする。本人は「進学したい」。発達検査は、不快そうな表情ながら応じてくれ、「情緒面、発達面の弱さがあったものの、情緒面への配慮と意欲が育てば発達面もよい方向に向くのではないか」と考えました。
母の悩み：「先生、聞いてください！　子どもが中学生になり、祖父母の小言に反抗し始めたら、祖父母が『母親のしつけが悪い！』と私（嫁）に嫌みを言うんですよ」

この状況が深刻になっていくと、三者はみんな不幸です。「祖父母にとっては、孫から反抗される不幸」、「両親にとっては、祖父母から攻められ、子どもからは愚痴を聞かされる不幸」、「孫にとっては、『家族関係が不快なもの』、『年寄りは嫌な存在』という価値観を育てている不幸」です。
子どもの発達において、中学生の頃以降の時期を第二反抗期ということもあります。第二反抗期を「親から離れて社会へ自立する準備の時期のスタート」と考えると、反抗があって当たり前ですし、上手に乗り越えるように関われば自立を確実なものにするのではないかと考えます。また、この時期は「子どものように扱うことを嫌がる感覚」がふくらんでいるので、「一人前の人格と考えて関わるこ

とが大切な時期」ですから、「あなたの意見も尊重するけど、自分の意見には責任をもつこと」を教えることも大切な課題です。

私は、「この時期は、小学校中学年までの子育ての結果を見せる時期と言えるのではないか」と考えています。特に小学校中学年までの関係を記憶から呼び覚まし、両親や祖父母と距離を取るのです。距離を取ることは、親たちから自立しようとする意思の現れですからそのこと自体が問題ではありません。考えたい状況は、子どもが取っている「両親や祖父母との距離」です。相談では、「一切父親と口をきこうとしない」とか、「祖父母とケンカばかりする」というものがあります。前者は、「父親が母親を叱りすぎていた」とか「父親が子どもを叱りすぎていた」という傾向が見られたし、後者は「祖父母が孫の両親に向かって叱ることが多かった」とか、「祖父母が孫にしつけのための小言が多かった」という傾向が見られました。

祖父母の配慮 『子どもたちと孫の気持ちを察した応対を』

孫がこの年齢になると、子ども（孫の親）から「（孫の）〜で困っている」というような相談はしてこないことが多いでしょう。そうなると祖父母としては口を出しにくいかもしれません。孫のことで問題が起きていそうなときに、祖父母から両親（子ども）と孫に絶対に言ってほしくないことばは、「体裁（世間体）が悪いので、孫のことを外に相談に行くようなことはするな！」というものです。悩みによっては祖父母の経験が活かせることがあるかもしれませんが、その両親（息子や娘）が「自分たちで解決しよう」と考えているとしたら、子育てに頑張っているのでしょうから、よい専門家との出会いを応援してあげることが大切だろうと思います。専門家に相談したときには、その結果を聞いて、祖父母が協力できることは側面から応援するという対応をしたらよいと思います。

もし、問題を相談してきたときは、経過を聞いてあげ、助言できればしてあげるとよいでしょう。また、子ども（孫）が、両親に悩みを言わないような様子があるときは、祖父母からの助言としては、二つあると思います。①「あなたたちは、孫にこう言ったらどうか。『父さん母さんに話しにくいのなら、いろんな経験をしてきたおじいちゃん（おばあちゃん）に聞いてみたらどうか。よいヒントがもらえるかもしれない』」、解決しそうにない悩みだったら②「相談担当の先生やよい専門家に相談したらどうか」と。

しかし、それまでの祖父母と孫の関係もあって、孫がおじいちゃんに「お父さんには内緒だけど、自分は進路について～と考えてる」という相談をしてきたらうれしいことですね。そう言ってくれたら次につなげていくきっかけになりますから。

(5) その他、子育てで配慮したいこと

祖父母と子ども（息子や娘夫婦）が同居している場合はもちろんのことですが、別居している場合でも、連携や話し合いは大切です。

相談事例　祖父が、孫の前で子ども（孫の親）を叱る

家族構成：父、母、本児（年長組、5歳半・男子）、妹、父方祖父母の6人家族
悩み：落ち着きがなく多動傾向。一人遊びが多い。ことばが弱い。発達に弱さがある。

祖母、両親、園長が同席しての相談。発達検査の結果から情緒面の弱さがあり、ことばの弱さに影響していると思われました。

家庭環境を聞き取ったところ「おじいちゃんにおびえる」ということを話されました。日頃、祖父が孫を叱ることはないし、おやつやおもちゃなどよく与える祖父であるとのことでした。ただ、家業のために祖父と父親は一緒に仕事をしていて、夕食時に父親の仕事での不十分さや失敗を祖父が叱るのが毎日の日課となっているというのです。「…を失敗した」、「～をなおせ！」、「そんなことではワシの仕事は継げん！」等の指導（？）をするというのです。祖母が、一度、「孫の前でそんな言い方をしないでも…」と言ったら、祖父は「何を言うか。孫は後を継ぐのだから、今のうちから仕事のきびしさをしっかり教えておくことが大事なんだ！　だから、孫の前で父親の指導をしているんだ。文句があるのか！」と叱られたらしいのです。だから、夕食時は、家族みんながじっと耐えている状況らしいのです。職人気質のおじいちゃんですから、きびしさをもっておられるのでしょう。幸い、本児に対してはきびしい関わりをしておられなかったので祖母と両親に本児への関わり方の情報を提供したところ、祖母、両親が配慮され、本児が出していた「黄信号」は何とか「青信号」になっていきました。

相談事例　祖父母と子ども（孫の親）の関係が、孫へ

家族構成：父、母、本児（小1・女子）、妹、父方祖父母の6人家族
悩み：学習に弱さがある。気が弱くて注意されると泣くことがある。ことばが弱い。年長組の秋頃から夜尿が始まった。

祖母と母親と担任の先生が同席。学校や家庭での様子、検査場面での様子等から、本児は「情緒の弱さ」があることと発達に弱さを見せ始めているものと推測されました。
本児の夜尿について聞くと、父親が家の中で怒り始めた時期と同じ頃から始まったということがわかりました。（祖父が病気で倒れ、自宅で介護をしている。）祖父は、父親が子どもの頃によく叱っていて、叩くしつけもしていたらしいのです。父親が大人になってからは、そんなに口うるさく言うことはなかったようですが、祖父が介護される状況になってから文句を言い出したようです。祖母に対しても、「自分はあの頃、親父に叩かれた。お袋は守ってもくれなかった」と言い始め、ことあるごとに祖父や祖母をなじるようになってきたらしいのです。おばあちゃんから「私たちの文句を言った後、孫に対しても八つ当たりのような様子が見られるのです。孫には関係ないので、息子にどう言ってやったらよいものでしょうか」と質問されました。祖母には、「おじいちゃんおばあちゃんとお父さんの過去の出来事はお孫さんにとっては関係ないことですが、お父さんのそういう言動は、当時のことが影響しているかもしれませんね。おばあちゃんは、『わかった、確かにおじいちゃんはきびしかったかもし

れない。私もそれを止めなかったのは悪かった。わかってほしいことは、あなたが憎いからではない、あなたにしつけをしたかったからだと思う。これからも私たちが悪かったことは言いなさい。あやまるから。でも、○○ちゃん（孫）の前で言うのはやめなさい。あの子の心を傷つけてはいけないと思うから』と言ってみられたらどうでしょうか」。

母親には、次のように助言しました。「よほどお父さんの心の奥に抱え込んでいたものがあったのでしょう。このことは聞かなかったことにしますので、お父さんには次のように伝えてみてください。『○○ちゃんのお勉強の応援の仕方についてご両親で聞いていただき、関わり方を工夫していただく方がよい結果につながるので、ご両親でもう一度時間を取ってくださいと言われたよ』と説明してください」

その後の継続相談では、ご両親が同席されたので、子どもさんへの関わり方を助言しました。このとき、家族関係をお聞きする中で祖父のことも話題になり、祖母とのケンカも話題に出てきて、ついには「祖父母への不満」もお父さんの方から口にされました。お父さんが苦しまれた、悔しい思いをされたことも共感した上で、お父さんに助言をしました。「家庭の雰囲気が子どもさんの情緒を不安定にし、そのことが学習面に悪く影響することがあるのです。お話を伺って、子どもさんはその可能性があると感じます。お父さんの子どもの頃の経験は、お父さんと親御さんとの関係です。どうか、○○ちゃんと妹さんのために、区別してください。子どもさんの前では、やさしいお父さんで、楽しい家庭環境をつくってみてください」

その後は、悩みも改善され、高校卒業後には社会へ自立していったと聞いています。

祖父母の配慮

『祖父母の願いは、孫の成長・発達ですから』

気をつけてほしいのは、祖父母と両親がトラブルを起こすことです。口論はもちろんですが、冷戦状態（口をきかないで雰囲気が冷たい状況）も避けたいですね。多くの子どもはそういう冷戦を感じ取って、「情緒が不安定」になる子もいます。

祖父母と親は、経験も価値観も違います。意見のズレはあっても仕方がないでしょう。ただし、「孫（子ども）の幸せ」という願いは同じはずですから、話し合って折り合いを付けることが「大人の役割」ではないでしょうか。息子や娘を「よりよい親」に育てるためには、祖父母が「ゆずる」ことが多くなっていくように思います。（これが「世代交代」ということになるのでしょうね。）

第5章 孫育てで大切にしたいこと

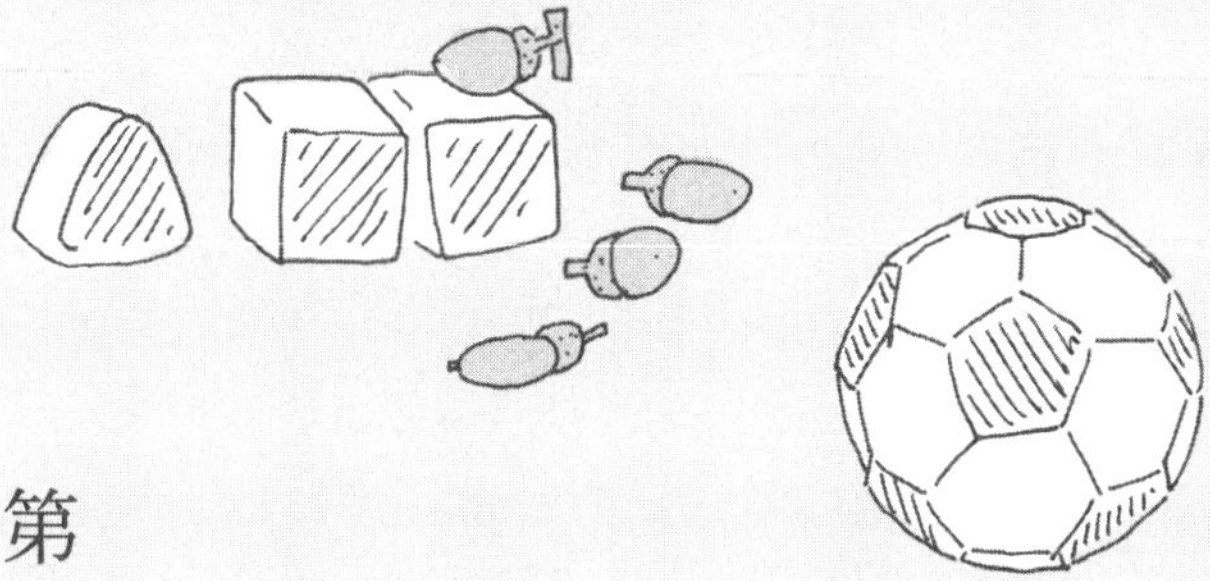

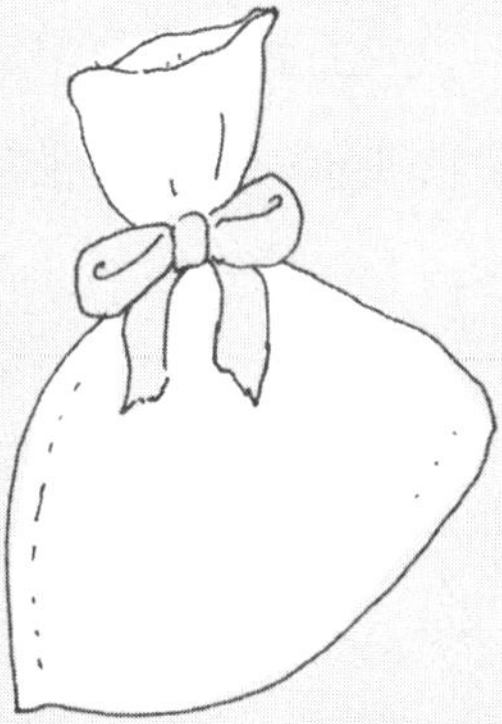

祖父母の方々の年齢、体力、気力等を考え、できるところで応援するという姿勢でよいと思います。小学校高学年頃までは祖父母は直接的な関わりでよい影響を与えてあげることができると思いますが、この年齢を過ぎると、孫の方も「おじいちゃん（おばあちゃん）、あのね…」と寄ってくることは減ると思います。ただ、お孫さんが直接的に関わることが減ってくる小学校高学年以降、中学生や高校生に成長していっても、「子と孫に『悪い影響』を及ぼしたり、『よい影響』を及ぼしたりする関わり方がある」ということは知っておいてほしいと思います。

子ども（孫）の気になる様子（信号）がきっかけとなる例を挙げます。これらはその子（孫）の情緒面、身体の発達面、社会性の面、ことばの面など、発達での「弱さの信号」を発しているものと考えます。

（以下の様子が一つ二つあったからといって、過剰には反応されませんように）

［乳幼児期から］

- 視線を向けてくることが少ない。（テレビなどはしっかりと注視している）
- 抱っこをせがんでこない。
- 共感の指さしが弱い。（相手に知らせ、自分も納得する指さし）
- ことばが遅い、弱い。
- 人と関わるより機械（TV等のリモコン類、壁のスイッチ、録画器機等）が好き。
- 積木、ミニカー、おもちゃ、図鑑などでの一人遊びが多い。
- 年少組（3歳児）で、おとなしく、意欲が乏しい。
- 大人の様子をうかがって行動する。（両親の顔色をうかがう様子）
- 話が聞けない。遊びや活動に集中できない。

●ルールのある遊びに入れない。
●家では話せるが、保育園・幼稚園ではおしゃべりができない。
●気に入らないことがあるとかんしゃくを起こして、なかなか立ち直れない。
●大人の制止も聞かずにおしゃべりをする。
●年長組なのに、保育士のそばから離れられない、一度泣き出すといつまでも泣いている、「一番好き（「一番病」という言い方も）」がほとんどない。
●お話をすることはできるが、要領を得ない。わかりにくい。
●不器用さが目立つ。身体のバランスが悪い、箸が使えない等

［小学校から］（1章―1―(4)16ページ参照）
●人が嫌がることを繰り返す。わざと意地悪をする。
●集団でいじめをする。
●登校をしぶる。
●日常生活では問題がないのに、学習面で弱さ（遅れ）がある。
例：漢字が上手に書けない。文章が読めない、書けない。文章題が解けない。

1 孫(子)育ての心構え

(1)「『を』の孫(子)育て」ではなく、「『で』の孫(子)育て」を!

①「を」と「で」は、どう違うのか?

まずは、「を」と「で」の意味する所ですが、「片付ける」ということを例に考えてみます。子どもに「片付けを教える」と「片付けで教える」は、助詞の違いだけに思えます。しかし、発達の視点では、「天と地ほどの開きがある」ように思っています。

幼児期から学童期の子育てでよく耳にする悩みに「片付けられないので毎日叱ってばかりです」というものがあります。このお母さんは、忙しさもあって「片付けを教える」関わりをしておられるように思います。このお母さんは、なぜ「片付け」をさせたいのでしょう。10数年前から「片付けられない女性」という言い方で、足の踏み場のない部屋をテレビの映像で流され、話題になっていました。その女性は、「散らかっていることはわかるが、困っていない。気持ちがよいとは言わないが、気持ちが悪いとも思わない」と話していました。先のお母さんは、この女性とは違って「散らかっていると気持ちが悪い、落ち着かない」等の思いがあるから繰り返し注意するのだろうと思います。子どもに育てたいことは、表面的な「片付けができる」ことではなく、「散らかっていると気持ちがよくな

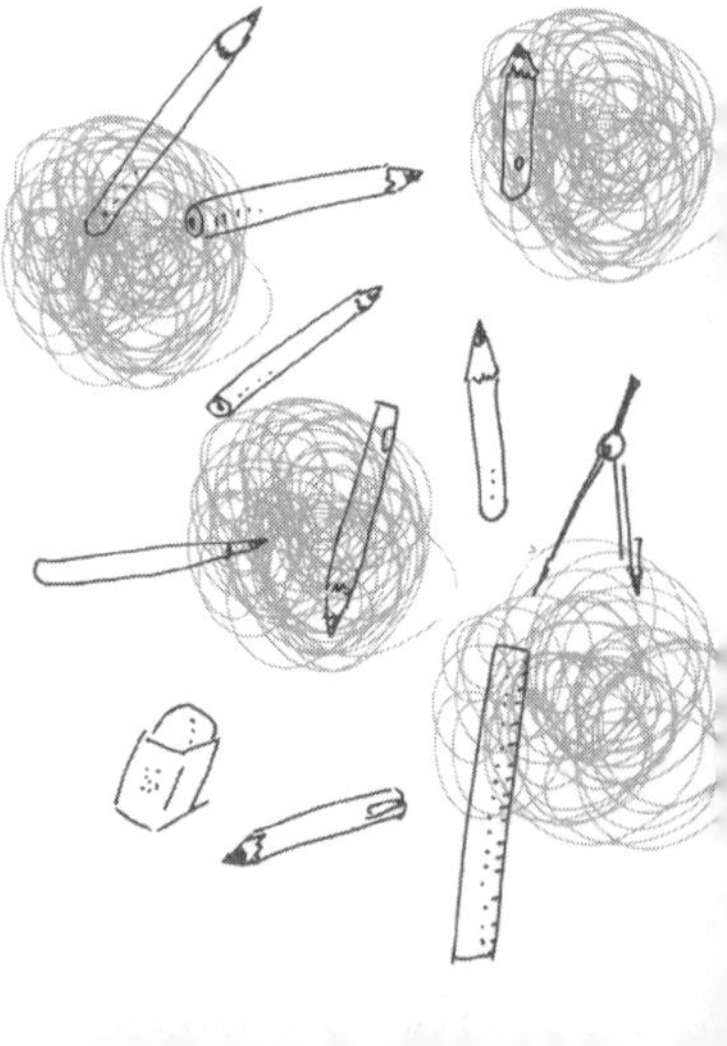

い」「片付いている方が気持ちがよい」という「ことばを知っての片付けができる」力なのです。そう考えると「片付け」の目的も、「ことばと感性を育てる」（後述）ことなのです。そこで、「片付ける」ことのしつけは、その行為ができるようにさせることだけが目的ではなく、「片付けで」「ことばと感性」を育てるという目標に向かっての「手段」になるのです。

②「押しつけの孫(子)育て」ではなく、「しつけの孫(子)育て」を

しつけの目的は何でしょうか。一面的かもしれませんが、孫(子)が家庭(社会)生活で困らないように、周りの人たちを困らせないように、「気持ちよく集団生活をするために」と言えるように思います。

しつけについての話題では、よく聞くことですが、『しつけ』をていねいに言うと、『御しつけ』という言い方もできるのですが、『押しつけ』に通じる」と言われます。好ましい行動を育てるために、繰り返して練習させることがあります。これは、「正しいしつけ」と言えるのでしょうか。みなさんの中には、「押しつけの孫（子）育て」をしているのではないかと心配している方はおられませんか。どうぞ、目的・目標を間違えないように、孫（子ども）の力を適切に伸ばしてあげられる関わりをしましょう。

③「近道の発達」は、あとで反省することに？

「近道の発達」とは、「過程よりも結果を求める発達」のことを言います。具体的には、運動会の徒競走を考えてください。保育園や幼稚園の運動会で見かける「園庭に引いてあるトラックの内側を走ってゴールをめざしている幼児の走り方」です。こんなときは子ども自身がゴールに向かっての近道ですから、ほほえましく応援していることがあります。これを「孫（子）育て」で考えると、祖父母や親が「トラックの内側を走ってゴールするように応援する」ということなのです。残念なことにこの祖父母や親は、「トラックの内側を走らせている」ことに気づいていないことがあるのです。（「過保護・

過干渉」の「孫（子）育て」は、このことと重なって見えることがあります。）

事例❶「年中組の幼児にかけ算の九九を覚えさせる」という子育てに出会ったことがあります。母親の言い分は「矯正はしていないし、ことばを覚えるだけなので、よいかと思います」というものでした。もし、私が専門家として、この母親に「九九を教えるのなら、この後に因数分解の公式を覚えさせたらどうですか」と助言したら、みなさんは、おそらく私を軽蔑されるでしょう。しかし、私の中では、九九も因数分解の公式も「同じ」です。年中組の子どもにとってはもっと経験させてあげたいこと、もっと受けとめてほしいことばや、活動してほしいことはたくさんあるのですから。

事例❷　4歳児の相談で、用紙一杯に「マル（○）」を描いた子ども

3歳のときに円が描けなかった子どもに、心理専門職から「マルを描く練習をしなさい」と言われた母親が「マルを描きなさい」とその子に「○を描く練習」をさせたのです。保育園でのお絵かきのとき、その子はひたすら「○」を描き続けたようです。他の子どもは、同じ○でも「顔・目・お菓子・自分・パパ・ママ等」、○を何かに見立てて描いてことばの表現もできるのです。何かに見立てたり、何かのつもりで描いたりする力を付ける時期が2～3歳児なのです。この時期に、この子は○（マル）という形とことばを覚えさせられたばっかりに、「○」しか描けなくなったのです。そして、絵を描くことに抵抗をもってしまいました。幼児期の描画は、「ことばを育てる」、「イメージを育てる」、「文字を書くために必要な手指の機能を育てる」ための重要な活動です。この子のお母さんは責められません。（責任を感じてほしいのは「マルを描かせなさい」というふうに理解させてしまった心理専門職の方でしょうか。）

この母親は、「あのとき、マルを描かせなかったら…」と反省しておられました。

事例❸ 数字の読み書きができる子どもが小学校に入り、加法の計算を学びます。二位数（二桁）の計算力もついたのですが、「二つ持っていて一つもらったらいくつ？」という質問に「1」と答えたり、文章題になると「先生、これは、足し算？ 引き算？」と質問してきたりする子どもがいるのです。

これらは、数の概念の形成や言語の弱さからくるものであり、それは順序を飛び越えたことを学んでしまったものと考えられます。上位概念（むずかしいこと）を獲得するためには、その土台である下位概念（具体的でやさしいこと）をしっかりと育てておかなければいけないのです。

祖父母の配慮

『祖父母は、おおらかな目線で』

「這えば立て立てば歩めの親心」と言われます。これは、乳児から幼児の成長を願う親の気持ちを表しているのでしょう。気持ちはわかりますが、もしこのことを実践する親御さんを見たら、私は専門家として「『這えば立たずにもっと這え、立っても歩かずバランスと意欲を！』の気持ちでの関わりが大切ですよ」と言うでしょう。「結果を求める近道の発達」は適切な発達支援ではないし、その後、子ども（孫）自身に苦労させることになることがあることを知っておいてほしいと思います。

④「気になる（問題）行動」の捉え方・考え方

20年前頃から、保育・教育の現場から「気になる子ども」についての「問題」が出され始め、10数年前からはその数が急激に増えてきています。

前述の「小1プロブレム」は、2005年に出版された本からの引用ですが、今では、保育園・幼稚園でも見かけられる様子もあるのです。では、これらの様子や「問題」は、すべて「子どもにあってはいけない様子」なのでしょうか。祖父母・お父さんお母さん、自分の子どもの頃を思い出してみてください。あなた方も心当たりがいくつもあるのではないでしょうか。

これらの様子は、「悪い様子であり、いけない姿」と考えてしまいそうです。これらの気になる様子は、周りの人たちとの関わり方がわからない、自分の気持ちの対処の仕方がわからない、子ども自身が「困っている、悩んでいる姿」と考えます。私は、「子どもの成長・発達にとっては、自分の気持ちを切り替えることや周りの人たちとの関わり方を学ぶきっかけになる様子＝よい姿」と考えています。

そこで、気になる様子への関わり方についてですが、「つぶす・なくす・禁止するという方法」ではなく、それを「乗り越えさせるという方法」がよいと考えています。前者の考え方での大人の対応は、簡単で、エネルギーはそんなにいりません。なぜなら、「賞罰」を与えて結論を押しつければいいわけですから。しかし、後者は、時間がかかるしエネルギーが必要です。なぜなら、理解できていない力を育てるためのていねいなことばかけ（説諭：ときさとすこと。悪いことを改めるよう、言いきかせること。）をすることが必要だからです。

思い返してみると、私たちも、大人や周りの人から教え諭されて気になる様子を乗り越えてきたのです。その過程で、自分の気持ちと人の気持ちを調整することを覚えたり、状況を感じながら集団の中での過ごし方を覚えてきたりしたのではないでしょうか。

(2)「孫（子）育ては『小芝居』」で！

このことばは、私の相談の助言で、「お父さんはこういうふうに言うんですよ。そしてお母さんはこういう返事をして、子どもさんにはこういうことを聞いてみるんですよ」という関わり方を説明したところ、「石橋先生のアドバイスは、コシバイが多いですね」と言われたのです。私が怪訝な顔をしたのでしょうか、「大芝居じゃないでしょう」と言われて、「あー、小芝居か。確かに小さい芝居だ」と納得をしました。

①小芝居の意義

小芝居を打つ意義は三つあるかと考えます。㋐母だけでなく、周りにいる人たちの様子を見聞きすることで「人への意識、人との関わりをしっかり経験させることができる」。㋑「子どもが直面するさまざまな生活場面での反応の仕方、反応に関することば、それから生じる内面・気持ち（感性）を見聞きさせることができる」。このとき、大人が演じた小芝居の結果が、たとえ大人の望む方向でなかったとしてもよいと考えています。㋒「喜（怒）哀楽」のことばと感性を育てることにつながることになる。（「怒」にカッコを付けたのは、幼児期前期「3歳過ぎ」までは最小限にしてほしい関わり方だからです。）

②小芝居の役割分担

子どもが困っている（悩んでいる）生活場面で、誰がどういう立場を演じ、子ども（孫）に見せるかを考えなくてはいけません。

両親と兄と2歳児の家庭があったとします。2歳児が偏食の傾向が見え始めたときの演じ方です。

他の3人ともが「このピーマンおいしいね！」とおいしそうに食べるところを見せ、兄の食べるところを見た両親が「お兄ちゃん、おいしいね！」「コリコリ、いい音がするね。お兄ちゃん上手！」とほめるとよいのです。

また、別の演じ方もあります。「お父さんも苦手」という設定です。お母さんとお兄ちゃんが「おいしい！」と食べていて、お父さんが食べないでいるので、お母さんが声をかけます。「お父さん、おいしいから一切れ食べてみたら。お兄ちゃんもお父さんを応援してよ」と声かけし、兄も「お父さん、おいしいから、ちょっと食べてみたら」と声をかけます。お父さんは、「じゃあ、一切れ食べてみる」と言いながら弟に「一緒に食べてみようか」と誘います。

この場面の役回りで、父と母の役が入れ替わった方がよいこともあります。「大好きなお母さんが頑張るのなら僕も頑張ってみよう！」とその気持ちを奮い立たせるかもしれません。（祖父母が同居でしたら、もっと効果的な演出ができるかもしれません。）

別の話題で考えてみます。私の子ども観は、「小学校中学年までには、将来の夢をたくさん持っていてほしい」という思いがあります。ある小3男子が、「将来の夢はプロサッカー選手」と言ったとします。このときに、両親・祖父母全員が「そう、それがよい！」という方針をもたれる家庭があるかもしれません。そのことを否定はしませんが、他の夢も持たせる関わり方もよいように思います。そのとき、お父さんは、「野球もよいのでは…」、お母さんは「あなたは元気がよいから消防士さんがよいかもしれないね」、おじいちゃんは「お話が上手だからニュースキャスターがよいかも」、おばあちゃんは「あなたはやさしい子だから老人介護の仕事がよいかもしれないね」等々、いろんな状況（職種）を想像させることもよいと考えます。

③小芝居の注意事項

●対象の子ども（孫）の年齢ですが、乳児期から始めてよいと考えます。

●演技者（父親・母親・祖父母・その子の兄弟姉妹）は大きい動作で楽しく演じるとよいです。（怒るときや悲しいときも、演技者同士が笑わないようにオーバーに演じることです。）

●受けとめさせたいことばや態度は、2〜3回は繰り返して聞かせたり見せたりしてよいでしょう。もちろん、一人だけでなく他の人が同じことを繰り返してもよいですね。

●小学校中学年頃から、次の配慮は絶対に必要です。場面や話題によっては、悟られてはいけないこともあるので、「演技」を見抜かれたとしても、「お父さんはそう思うんだけど…」で通すことも必要です。だから、「ばれたかー！」と演技を認めてしまうと「嘘をついていたんだ！」と親（大人）に不信感をもたせてはいけないと思うのです。どうしても認めざるを得なかったときは、「お父さんの勘違いだった。よい勉強になった」と反省の弁を述べればよいと思います。（このときでも、演技力があったら、子どもは「お父さんも間違えるんだ、反省するんだ」と、お父さんの新たな一面を見つけ、自分の成長の糧にすることでしょう。）

④小芝居の例

【登場人物：父・母・兄（太郎…小学校1年生）・弟（次郎…4歳児）】

注…祖父母がからむと台詞が長くなるので登場なし。（4章—3—②「入浴」82ページ参照）

《父と次郎君は、居間で遊んでいる。台所では、太郎君が母親に詰め寄っている》

太郎：「お母さん、次郎と僕とどっちが一番好きなの？」

母：「どっちも好きよ」（何度も聞かれるので、困った表情）

太郎：「どっちが一番なの？」（なおも詰め寄る）
母：「二人とも好きなんだからいいでしょう！　お母さんは忙しいからお父さんたちと遊んでらっしゃい！」（…この後…）
【母親の対応A】（思い悩んだ末の、対応）
太郎：「ネー、どっちが一番好きなの？」
母：「太郎ちゃん、こっちへ来て」（次郎から聞こえない別室へ連れて行く）
母：「太郎ちゃん、お母さん、よく考えたんだけど、一番好きなのは太郎ちゃんよ。このことは次郎ちゃんにはないしょよ」
太郎：「うん、わかった！」（満面の笑みを見せる）
夕食時の会話。突然…
太郎：「お母さん、ぼくのこと一番好きよね！」
母：「ん？　う〜ん…」（困った表情で、太郎に目をやって首を小さく横に振る）
次郎：「えっ？　お母さん、ぼく、好き？」
母：「そうよ、お母さん、次郎ちゃんのこと、好きよ」（あわてて）
「お父さん、今日のおかずはおいしい？」（話題を変えようとする）
【母親の対応B】（思い悩んだ末の、夫と話し合ってからの対応）
《二つのお皿にチョコとカットしたロールケーキが四切れずつ乗せてある》
母：「みんな〜、3時のおやつですよ〜、いらっしゃ〜い」「今日は、大サービスでチョコとケーキにしました。一番好きなものを食べてよいことにします。じゃあ、きょうはお父さんから選んでいいよ」

父：「おいしそうだ！　お母さん、一番好きなものを食べていいんだよね？」
母：「そうよ。一番好きなのを選んで食べていいよ」
父：「う～ん、どれにしようかな～」（しばらく悩んでいる）
太郎：「お父さん、早くしてよ！」
父：「ごめんね。一番好きなものだね…、よし決めた！」
（少し悩んで、間を取って。堂々とチョコとケーキを自分のお皿にとる）
太郎：「！　お父さん、一番好きなものだよ！　ねーお母さん！」
父：「いいんだよね、お母さん！　お父さんはどちらも一番好きだから」
太郎：「?!　お母さん、いいの?!」
母：「一番好きならいいよ。じゃあ、太郎ちゃんどうぞ」
太郎：「両方好きだから、チョコとケーキをもらおう！　いいよね、お母さん」
母：「どうぞ。それじゃあ次郎ちゃんは…」
次郎：「チョコとケーキちょうだい！」
母：「はい、どうぞ。お母さんも両方好きだから」（と言って、お皿に取る）
全員：「いただきまーす！」（食べている途中で、母が太郎に話しかける）
母：「太郎ちゃん、お母さん、今、わかったことがあるのよ。太郎ちゃんが、よくお母さんに『一番好きなのは誰？』って聞くでしょう。今、太郎ちゃんも、チョコとケーキと両方取ったでしょう？　お母さんと一緒だね。やっぱりお母さんは二人とも一番好きよ。お父さんは、太郎と次郎とどっちが一番好き？」
父：「そりゃあ、二人だけじゃなくて、お母さんも一番好きだよ。お母さんは？」

母：「お父さんも太郎ちゃんも次郎ちゃんも、一番好きでーす！　じゃあ、太郎ちゃんに聞くけど、太郎ちゃんはお母さんとお父さんと次郎ちゃんと、一番好きなのは誰？」

太郎：「……」

そして、最後の太郎のことばが「みんな一番好き！」だったら、小芝居は完結です。もし、「一番はお母さん、二番がお父さんで、三番が次郎」と答えたとしたら小芝居は続きます。そのときの内容として必要な要素は、「父親の悲しみ」、「母親のフォロー」、「かわいそう・寂しそう・よかった・うれしい等のことばかけ」があるとよいでしょう。この後は、おやつはなくてもお父さんとお母さんが、「お父さん（お母さん）、誰が一番好き？」と言い合ったらよいのです。（この本の中でもいたるところに「小芝居」の台本のようなやりとりを書いていますので、それも参考にしてください）

お孫さんが、乳児期や幼児期だったら大人の演技力も上手でなくてもすぐに反応してくれます。しかし、小学校低学年になると論理的な思考も芽生えてきているので、真剣な演技力が必要になってきます。小学校中学年になると「演技を見抜く力」もついてきます。ですから、「説得する、理解を促す、気持ちを切り替えさせる、もっと自己主張や意欲を促す」の「結果を求める演技」はできにくくなります。そして、思春期になると人格も価値観も育ってきているので演技が通用しなくなることがあります。この親（祖父母）としての演技力をつけていく変化（＝発達）は、子どもや孫を育てるときには必要な「両親・祖父母の課題」ではないかと考えます。

⑶「ことばの発達のひな壇」を考えて！

発達や教育の相談では、子どもの発達の力を知るために「発達検査」をします。その検査の項目（課題）

のでき方やできなさの説明、「どういうところが弱いのか、どういうことを大切にしなくてはいけないのか」について話しています。その説明のときに利用しているのが、「ことばの発達のひな壇」です。

（次の説明図参照）

①「ことばの発達のひな壇」とは

図の七段をそう読んでいます。この七段は小学校高学年以降の子どもの発達を考えています。

一段目…「情緒の安定」は、赤ちゃんとして生まれてから、人間の発達の土台になるものです。赤ちゃんから大人まで、大事にしたい力です。もう一つが、「身体手指の発達」です。この発達の力が五感を育てていくために重要な役割があります。

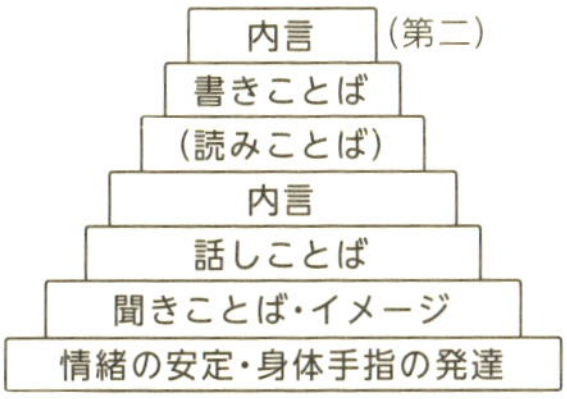

二段目の「聞きことば」というのは、「聞いてわかることば（理解言語）」のことです。「イメージ」というのは、「頭の中で思い浮かべる」とか「想像すること」と考えてください。親（大人）は、子どもが誕生した直後から、「ママ」「パパ」「バーバ」「ジージ」「おっぱい」などのことばかけをします。そのことばは、ものの名前から始まり、その場に応じた「様子を表すことば」へと量も質も増えていき、子どもたちは「聞きことば（理解言語）」を増やしていきます。

三段目の「話しことば」とは、「子ども自身が話をすることができることば」のことです。日本語圏で生活している子どもは日本語を話します。「方言」の多い環境ならその方言を身につけるでしょう。テレビの視聴が多い環境なら「標準語」のような発音のおしゃべりが多くなるでしょう。

四段目の「内言」というのは、「心の中だけで展開される言語」（広辞苑）、「内面化された（声に出されない、頭の中で展開される）ことば」（中村2004）と説明されるものです。大人は、意識しないで会話をするので気づきにくいのですが、この「内言」の力があるから人との会話が可能なのです。

五段目の「（読みことば）」というのは、一般的には遣われていないことばです。私が勝手に遣っていることばなのでカッコをつけています。これは、ひらがな、カタカナ、漢字、数字、アルファベットなどの「記号」を「ことばで言える・読める」ことを意味しています。

六段目の「書きことば」は、前記の「記号」を自分で書くことができる、その後は文章も書くことができることを意味することばです。

七段目の「内言（第二）」ということばは、学問的にはこの表記は正しくありません。四段目の「内言」と区別したいためにあえて「第二」を付けて表記したのです。「幼児期から小学校低学年の内言」と「小学校高学年ころ以降の内言」とでは、内言の質が違うと考えているからです。学問的には、四段目の「内言」が豊かに広がる中で質を変えていくのでしょうが、保護者の方々に説明するのには、「（ひな壇の図の七段目を示しながら）小学校高学年になると質の高い内言が誕生してくるのです」と説明する方が理解していただきやすいと考えたからです。この小学校高学年以降の質の高い内言は、「思考をくぐる」という言い方もされますが、「すじみち立てて考える」、「先を見通して考える」、「第三者の目で状況をとらえて考える」などのことばの力を意味します。

②「ことばの発達のひな壇」の理解のために

次ページ上の図は年長組の年明け（入学前）の頃のモデルです。これらの図を見るときのポイントを4点上げておきます。

第一点目…ひな壇の幅は、発達の豊かさを示すもので、幅が広いほどその子の発達が豊かであることを示します。上の図の左側は健常児で、右側は、発達に弱さのある子どもです。「読み」「書き」の横幅は両者共に同じですが、下の四段は幅が違います。表面上は両者ともに「ある程度の読み書きはできる」ように見えますが、入学後の1学期終了時には学力の差がはっきりと見えてきます。つまり、左の子は、下四段の幅を広げていて学習に取り組んだ子どもで、右の子は幅が狭くて学習に難しさを感じている子どもです。

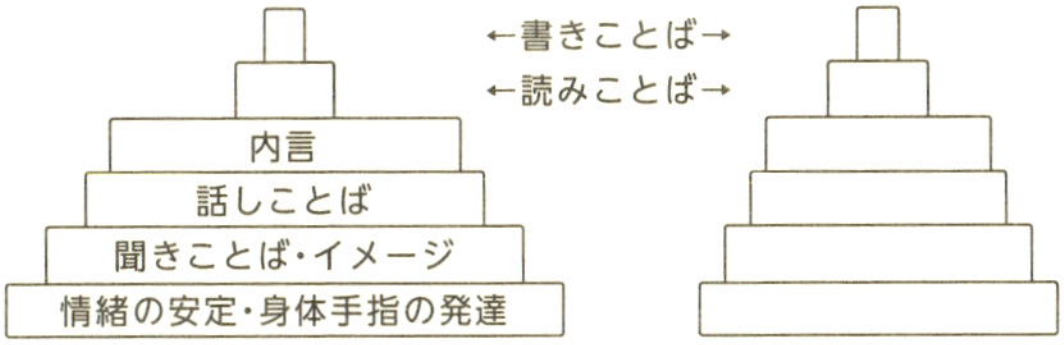

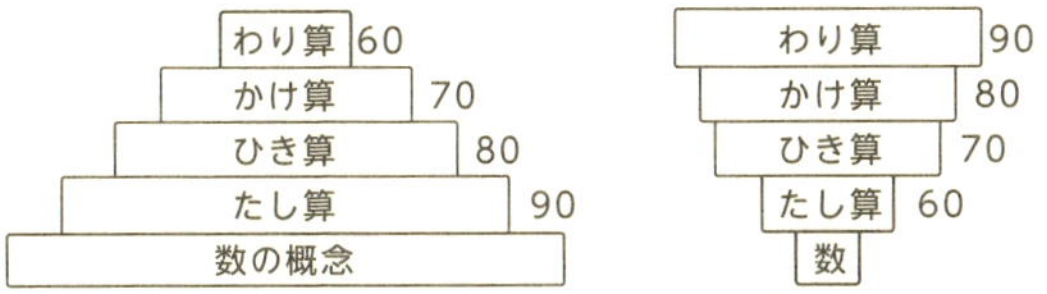

第二点目…ひな壇の下段より上段の幅が広がることはあり得ないと考えています。算数の四則計算のひな壇でも言えることですから、下の図のモデルで説明します。右側のひな壇で言えば、「小学校5年生の子どもに計算問題のテストをしたら、その子のテストの結果が右の数字の点数（足し算が60点だが、割り算は90点）を出しました」ということは有り得ないと考えます。左側のひな壇が「当たり前」のことなのです。「ことばのひな壇」で言えば、「たどたどしい話しことばの子どもが、文章をすらすらと読め、高校生並みのレポートが書ける」ということはありえないと考えます。ですから、一つのひな段の力を育てようと考えるなら、それより下段のひな壇の力を豊かに広げることが重要です。

第三点目…ひな壇の七段は、それぞれお互いに影響し合っているということです。「下の段が広がればその上位のひな壇が広がっていく可能性が出てくる」、「広がらなかったら上位のひな壇は広がりにくい」と言えると考えます。

小学校高学年で作文が苦手な子どもを例に考えてみると、その子は、ひな壇の六段目の「書きことば」が非常に弱い（=「ひな壇」の幅が狭い）と考えます。「作文を書く」には、いろいろな力が必要です。例えば、修学旅行の作文を書く行程を考えてみます。まず、最初に必要なことは、その旅行の様子を思い出す力が必要だということです。（この思い出す力が、二段目の「イメージ」）この幅が広いほど、家の出発から帰宅まで、印象に残っていることは無数に思い出すことができるのです。しかし、幅が狭い（弱い）と、思い出せることが限られていて、少しの場面しか思い出せないのです。次に、思い出した出来事について話しことばに変えられる力がどうかで、三段目の「話しことば」と四段目の「内言」というところになります。想像したことを頭の中にある話しことばに換えていくのです。「お母さん、…神社に行った後、…お土産屋さんに行ったんだよ。そこで、お菓子と……お守りと…ジュースをね。」と話せたら、この内容を文字に書く（文章にする）準備ができたことになります。そして、五段目の「読みことば」ですが、何度も何度も読み慣れた文字は思い出すことも簡単で、六段目の「書きことば」につながっていくのです。たくさんの思い出が書けた子どもは、限られた原稿用紙の文字数を考え、どの思い出を書くのか、どこをもっとふくらませて書くのか等を考えるようになります。この力が、七段目の「内言（第二）」の力になるのです。

第四点目…このひな壇の図が理解できたら、子どもの発達のすべてがわかるというものではありません。弱さのある中学生くらいまでは、この図を使った助言はできますが、あくまでも説明しやすくするためのものです。子どもの発達の様子については、年齢や発達の様子で「発達段階」と言われるものがあります。自分たちの子ども（孫）がどういう発達段階にいるのかをふまえて関わることが大切です。このひな壇を参考にしながらも、発達段階に応じた適切な関わり方をしていけば、健やかな発達支援ができると思います。

2 「情緒の安定」を育てるために

(1)「情緒」の問題

① 障害のある子と情緒

私が教師として着任したのは、通園施設でした。最初の2年は、「情緒障害学級」の担任でした。在籍していた児童の中には、情緒が不安定になりひどく怒ったり、ひどく泣いたりする子どもたちがいました。行き詰まった私は、『愛と共感の教育〈増補版〉』という本を取り出し、読み直しました。

「生命の安全とそして情緒の安定、こういうものが土台にあるからこそ『療育』という働きがその上に花を咲かせるのである。本末転倒はいけない。療育のためにその安定性が破壊されていいなんてバカなことはないんであります。これはわかりきったことだけど、そのへんのところをはっきりとつかんでおかないといけません。みなさんはどうかこの問題を掘り下げてください。」

私は、糸賀一雄氏が言っておられる「バカなこと」をやっていたことに気づかされました。その後は、「障害児教育には情緒の安定は根本的課題」ととらえてきました。

②教育相談から学んだ情緒の問題・課題

１９８３年に教育相談に携わって間もなく、「健常児と思われる子どもたちのなかに『情緒の安定』に弱さのある子がいる」ことを感じるようになりました。子育てや教育相談での悩みは、日常の様子から勉強に関することまで多様なものがあります。子どもの発達検査の様子から、関わり方を助言します。このとき、悩みに対して直接的に対処する関わり方の助言だけでなく、情緒面の弱さを軽減する関わり方も助言してきました。その後の経過から、情緒面への配慮を重視して関わってもらった子どもの方が、気になる様子（悩み）が顕著に軽減・克服していった事例が多かったのです。驚いた事例では、『障害』を克服したのではないかと思われる子ども」にも出会いました。反対に、「健常と思われた子どもが、情緒不安定さが増すことで障害がある状態まで悩みが大きくなり、障害の診断を受けた事例」もありました。こういう子どもたちに出会って、私は、「障害の有無に関係なく、子どもの発達に大きく影響するものが情緒である」ことを学びました。

＊「情緒」：「じょうしょ」：（ジョウチョとも）折にふれて起こるさまざまの感情。情思。また、そのような感情を誘い起こす気分・雰囲気」

③家庭での情緒の問題

子どもの発達には「情緒の安定」が重要なのですが、子どもの情緒が不安定になるのはどういうときかを考えておく必要があると思います。

（家庭での例）●両親の不和。（両親が、子どもの前でひどいケンカをする。）
●両親からの強い叱責。（両親が、一緒に叱責する。）

●母親からの強い叱責。（体罰はもちろん、「無視」も精神的体罰になることがある）
●父親からの強い叱責。（父親が、母親を一方的に叱責する場合。ＤＶも含む）
●祖父母が、子ども（孫）の前で両親を叱責する。（子どもが原因なら、いっそう…）
●両親（どちらか）と祖父母（どちらか）が言い争いをする。

こういう家庭の状況を考えると「叱ることがいけない」ように思われるかもしれませんが、そうではありません。「情緒不安定が切り替えられないようになってしまう」叱責がよいのかどうかを考えてほしいのです。「強い叱責」と書きましたが、「やさしい注意の繰り返しで情緒不安定になった」と思われる事例もあるので、「強い叱責」だけが問題ではありません。それに、強い叱責が継続すると、「ＡＤＨＤ（注意欠陥多動性障害）」との関連もあると言われています。

また、保育園・幼稚園や学校での生活においても「情緒不安定」になることもあります。その要因は、集団活動や学習だったり、友だち関係だったり、極端な場合は先生との関係だったり等があります。たとえ要因が園や学校であったとしても、家庭での配慮が適切か不適切かによって、子どもの情緒の経過が違ってきます。「適切な配慮はどうするとよいのか」を考えていくことが子育ての重要な役割と考えます。

(2)「情緒の不安定」な子ども（孫）

①家族内のいさかい（ケンカ）について（６章—３—(3)１８４ページも参照）

家族内のいさかいとは、祖父母間、息子（娘）夫婦間、祖父母とわが息子（娘）間、嫁姑間等々を考えてみてください。

みなさんがわが子を育てているとき、夫婦げんかをしたことがありませんか。幼児期の子ども（孫）

の前で夫婦げんかをすると、子ども（孫）は両親の顔を見比べながら不安な表情になり、「あのねー…」とケンカのあいだに入ってこようとしたり、最後には大声で泣き出したりという様子を見せたことはありませんか。

祖父母の配慮

『〝親のケンカ〟は、〝ケンカじゃないよね〟』

「孫の前で両親がケンカをしている」ときに祖父母ができることは、孫を連れてその場を離れるという方法がよいかと思います。その場を離れるときは、おばあちゃんが「あなたたち、ケンカじゃないでしょう?」と声をかけ、両親が「違いますよ。話し合っているんですから」と言わせて、再度お孫さんに「ほらね、ケンカじゃないから心配しなくていいよ」と言いながら連れ出せばよいでしょう。もちろん、おばあちゃんと孫が部屋に戻ったときは、母親も「ごめんね、話しはすんだから」と笑顔で声をかければよいでしょう。そういう配慮を続けておけば、小学校中学年くらいからは「どうせまた言い合いでしょ!」とそっぽを向かれるかもしれません。そう言えるようになった子どもは、両親の言い争いを見て「情緒の不安定」になることはないと思います。

②幼児期に多い「赤ちゃん返り」（下の子の誕生で退行したような様子を見せる。）

この「赤ちゃん返り」という様子は、上のお孫さんが2〜5歳頃に、下の子どもさんが生まれたときなどに、必ずと言ってよいほど見せる様子です。

相談事例　上の子への関わりが不適切な大人

家族構成：両親、本人（年少組）、弟（生後6か月）の4人家族

悩み：「赤ちゃん（弟）を叩いたり蹴ったりするんです！　どうしてでしょう？」

まず、母親に、「そんなことをしたときにお母さんはどう関わるんですか」と聞いたら、「『お兄ちゃんなのに、なぜそんなことをするのか』と叱ります。その後、叩かれたらどう感じるかを教えるためにその子を叩きます、そうひどくではありませんが」と話されました。次に、出産前の関わりも聞きました。母親は、「兄としてしつけるために、『お兄ちゃんになるんだからいろいろ我慢しようね』と言い聞かせた。出産してからは、母親の抱っこもおんぶもなし、食事の介助もなし、お風呂はお父さんと入り、寝るときも母の添い寝はしない等、『お兄ちゃんだから』という理由を説明して頑張らせています」ということでした。

祖父母の配慮　『赤ちゃん返りはしっかり受けとめて』

こういうときこそ、母親と祖父母の連携が必要です。兄が「赤ちゃん返り」をするときは、母親が弟に関わっているときが多いと思われます。授乳のときなどは中断するわけにもいきませんから、お母さんが『弟がおっぱいを飲むまで、ちょっと待ってあげてね。』と説明し、祖父

母は「おっぱいが終わるまで、ここでじいちゃん（ばあちゃん）と積木をしようか（絵本を読もうか）」と母親の近くで関わってあげるとよいでしょう。もちろん、母親は授乳が終わった後には、「お兄ちゃんお待たせ。ごめんね」とことばをかけてから抱っこしてあげてください。もし、おっぱいがほしいようでしたら、お乳をあげてもよい子もいると思います。そのときは「お兄ちゃん赤ちゃん」と可愛く呼んであげてもよいでしょう。父親、祖父母は、「お兄ちゃん、おっぱい飲んで、恥ずかしいよ」等と言ってはいけません。言うのなら「お兄ちゃん、おっぱいいっぱいもらいなさい」と言ってあげてよいと思います。（「おいしくない」と言って飲まなくなります。）

この相談のとき、母親は、「私は、逆の関わり方をしていたかもしれません」と思い返されていました。私は、「赤ちゃん返りをさせる関わり方をしてみたらどうですか。『ハグと大好きのことばかけをたくさん！』で関わってみてください。」と助言しました。

経過報告によると、「その後、半月もしないうちに弟への乱暴な関わり方はしなくなり、よく遊んでくれるようになった」ということでした。

③幼児期の気になる様子

「爪かみ」、「指しゃぶり」、「何かを口に入れたがる」、「常に好きなものを持っている」「吃音（きつおん・どもること）」、「夜尿の再発」等々

これらのことが、幼児期から小学校低学年にかけての子ども（孫）の悩みとして出されることがあります。どの悩みも、克服していった経過で共通することは「情緒が安定していった」ということで

す。（ただ、「夜尿」については、医師に相談することも考えておいた方がよいでしょう。）

　私の教員新任の頃の、自閉症児の「指しゃぶり」についての実践を紹介します。（ただし、これは、誤った関わり方です！）

　その子を担任して「指しゃぶり」が気になり、「指しゃぶりをなくす」という目標で子どもに関わりました。「その都度注意してやめさせる」から「叱る」へ。そして「口に入れる指に包帯を巻く」「包帯に唐辛子をふりかける」へと、きびしさをエスカレートさせました。（ここまで行くと「体罰」になるでしょうか）ここまでしても指しゃぶりは止みませんでした。それどころか、私の見えないところへ移動していき、そこで吸い続けていました。一年後には「その様子は深刻になり、担任である私を避ける」ようになってしまいました。本当にこの子どもには申し訳なかったと、今でも反省します。

　気になる行動は、「対症療法」（「患者の症状に対応して行う療法」）だけで関わってはいけない、もっと本質的な点に目を向けて対処すること（「原因療法」）が大切です。それは、発達の面で、何が弱いために気になる様子を見せるのか、何を悩んでいるのか、等を考えて対応することです。（「気になる様子は、まずは否定しない」ことが重要）

祖父母の配慮

（「指しゃぶり」の例で）『祖父母と楽しい関わりを』

　子ども（孫）の日頃の様子を考えてみてください。一日中指しゃぶりをしていることはないと思います。その子が緊張しているとき、不安なとき、手持ちぶさたなとき、眠るときなどに見かけると思います。見かけたときに「指しゃぶりを止めなさい」とか「指はダメでしょ！」とか、ひどいときは「指！」、「〇〇ちゃん！」ということばかけで禁止させることは、「厳禁」です。一方、その子が、大好きな遊びをしているときは、指しゃぶりはしていないと思います。これは、子どもの気持ち（手）が自分の方に向いているときに指しゃぶりをしてしまうし、自分の気持ち（手）が外に向いているときは指しゃぶりをしないということなのです。言い方を変えると、「外の世界との関わり（人との遊び）が弱い子どもに指しゃぶりが多く、外の世界と関わり（人との遊び）が豊かな子どもは指しゃぶりはしない」のです。ですから、そういう様子を見かけたら、「積木で遊ぼうか?」とか「片づけを手伝ってくれない?」とか「肩たたきをしてくれないかな?」など、遊びや関わる場をつくってあげ、気持ちを外に向けさせてみることです。

④登園（登校）しぶり

保育園や幼稚園への登園しぶりは、入園当初によく見かける子どもの様子です。こういう幼児の「しぶり」がなくなるのは、一言で言えば「園に慣れたから」ですが、子どもの気持ちで考えると「園での『生活＝遊び』が楽しくなったから」と言うことができます。遊びの楽しさに早く気づくと「しぶり」も早く克服できるし、気づきが遅いと「しぶり」の克服も遅くなるという様子が見られます。また、小学校入学当初の「しぶり」も同じような様子が見られることがあります。「しぶり」の別の要因には、「母子分離」の不安によるものもあるようです。下に弟（妹）が生まれて、赤ちゃん返りの様子もあり、「お母さんを取られた」印象をもってしまい母から離れることに抵抗があって「しぶる」こともあります。その他、「人間関係」が理由になることもあるようです。年長さんから小学校になると別の要因も増えてきます。自分の中で苦手な勉強がはっきりしてきてしぶるとか、「いじめられたから」しぶるとかがありますが、まれな例としては「保護者が担任を嫌っている」ことを知っていて、「しぶる」という例もありました。

祖父母の配慮

『専門家の活用も考えて』

私は、「幼児期から小学校低学年までの『しぶり』は根が浅く、小学校中学年頃からの『しぶり』は根が深くなっていくのではないか」と考えています。「入園で慣れない」幼児の場合を除き、「登園・登校しぶり」や「登校拒否」については、早い時期によい専門家に相談するのがよいでしょう。（5章―4―⑶―②「話を聞く」158ページ参照）

⑤家族関係からの緊張

この10数年、子どもたちが起こす事件の原因として、「子どもを甘やかして育てているからでは？」とか「父親の威厳がなくなったからでは？」と解説する評論家がおられます。広辞苑によると「威厳」とは、「堂々としておごそかなこと。いかめしいこと。」とあります。そういう人格を持った父親がおられることに賛成はしますが、「『日々、子ども（孫）が恐れを感じる父親の存在』でも『威厳』」と言うのか、という疑問ももっています。

家庭は、子どもにとっては保育園・幼稚園、学校ではありません。大人にとっても、職場ではありません。家庭は、外の世界（社会）での頑張りを緩め、明日のためのエネルギーを蓄えるところではないでしょうか。みなさん方は、夫婦げんかの経験がおありではないですか。夫婦げんかが長引いているとき、家に帰るのが不安で苦痛ではなかったですか。我々大人は、自分で考えて気持ちをコントロールできるので、表面上は平静を保てます。しかし、子ども（孫）は気持ちのコントロールができません。そんな情緒不安定な心理状態で、健やかな成長・発達ができるでしょうか。答えは、「否」です！

こんな事例があります。小学校1年の男子が乱暴で、友だちとトラブルがあり、友だちだけでなく先生にも暴言を吐く子どもがいたのです。保護者に連絡したら、母が「うちの子は、きちんとしつけをしていますからおとなしくて利口な子どもです。乱暴とか暴言とかは相手の子どもさんが悪いのです。その子どもさんを先生がきちんと指導してください」というものでした。

私は、「『家では手を焼くが、外ではお利口』と言われる子どもはよいが、『家ではお利口なのに、外では手を焼く』という状態の子どもは注意が必要（＝信号を発している）」と考えています。

「お父さんが家に帰ってくると子どもの落ち着きがなくなる」「授業参観の日、後ろに母親が来ていると、その時間だけ背筋を伸ばし、不規則発言、離席、授業妨害もなく、優等生になる」これは、お父さん、お母さんが「怖い存在」となっていて「信号」を出した事例と考えましたが、怖い存在の対象が、祖父母だったりすることもあります。

祖父母の配慮

『子どもの表情は正直です、気をつけて』

子ども（孫）にとって、家庭で恐れるような状態は、情緒不安定になる大きな要因だろうと思われます。誰かが早く気づいてあげて、その人物の関わり方を工夫してもらう方がよいと思います。その対象が、祖父か祖母だったら子ども（息子や娘）は言いにくいでしょうから、祖父母がお互いに注意し合わなければいけないでしょう。そして、怖い存在が、両親だったら祖父母が言ってあげるといいですね。ただし、ことばの使い方（言い方）には配慮が必要かもしれません。（祖父母と両親との関係で、どうしても言えないときには、「専門家への相談を勧める」という方法がよいでしょう）

(3)「情緒の安定」を育てる関わり方

以上のようなことを考えると、子ども（孫）の情緒の発達は乳児期から始まっているので、「人格の形成は乳児期から始まっている」と言っても過言ではないのです。子ども（孫）が発達をする中で、新しい世界に向かい合うときいろんな場面で不安が生じ、情緒が不安定になるものです。そういうとき、親や祖父母は、「過度の不安定な状況を繰り返さないように、共感して、笑顔が出てくるように応援してあげる関わり方をする」という方向がよいと思います。（特に、幼児期から小学校低学年までは）

神戸事件のA少年は、自分のことを「空気のような存在」と言いました。家庭でも自分の存在感を確認することができなかったのでしょう。子ども（孫）にとっての存在感は、自分を認めてもらえる場面（誉められる、好かれているという体験）があるというところから育つのではないでしょうか。認めてもらえるということは、「ぱちぱちと拍手をする」だけとか「にっこりとほほえむ」だけではなく、子ども（孫）と向かい合い「上手だね！」とか「大好きだよ！」といった「ことばと感性を育てる関わり」をしてもらえることで、「自分の存在感」を確かなものにしていくのです。

祖父母の配慮

『親ができないときは、祖父母がフォロー』

情緒の安定を育てるための関わり方ですが、その基本は、「ハグ（＝抱きしめること）」「大好き」「話しを聞く（受けとめる）」の3点が大切であると考えています。これらの関わりは、両親（みなさん方の子ども）がやってあげるのが一番で、情緒の安定には効果があります。もし、孫の両親が、実行しているようでしたら、安心されてよいでしょう。しかし、両親は仕事などが多忙で、これらが実行しにくい状況があり、十分にできていない、あるいは、ほとんどできない両親の姿が見えるときは、以下のことを話したらどうでしょうか。（もちろん祖父母の「ハグ」もよいと思います。）

①ハグ（「抱きしめる」こと）

前述のように、乳児期においては「ハグとことばかけ」は乳幼児の愛着[※1]体験を豊富にさせるためであり、人との関係、特に母子関係を育てるために大切なものです。その経験が豊富な子どもは、母親にハグをされると不機嫌を切り換えたり、元気を取り戻したりできるようになります。[※2]その子どもは、保育園・幼稚園でも、嫌なことがあって先生にハグしてなだめられると切り換えができるようになるのです。家庭生活で言えば、母親がハグのある関わり方をしていてくれると、父はもちろん祖父母もその関わり方ができるということです。（それもひどく機嫌を損ねて泣いているときに役立つのです）しかし、小学校に入学すると、ハグはお母さんだけになってくるかもしれません。小学校中学年になると母親のハグも複雑な表情を見せるようになると思います。中学生ともなると母親がハグをしようとしたら

「いやらしい!」と言って怒るかもしれません。これも子どもの発達ですから、受けとめればよいでしょう。そして、青年期以降になると、「ハグの再開が可能」になっていくと思われます。

ところで、私の相談の事例で、ハグをしない、ハグができない母親に数多く出会いました。理由はさまざまです。

●甘やかさないために抱っこをしない。（母親自身が考えている、父親がきびしくて抱っこをさせない、祖父母が「甘やかしてはいけない」と母親に言う等々の理由から。）

●生活に追われて、子どもに関わる余裕がなく、抱っこできない。

●母親自身に「抱っこされた」記憶がなく、抱っこを必要と考えていない。

●子どもへの愛着が薄いためか、子どもとの関わりそのものが希薄。（深刻な事例では、母親がテレビやゲームへの「依存症」を疑う事例も）

●子どもがメディア（テレビ、DVD、ゲーム、パソコンなど）に興味関心が強く、人との関わりが弱く、抱っこを要求してこない。

私は、子育てではハグには三通りの使い分けが大切だろうと考えています。①軽く抱き合うハグ、②やさしく包み込むハグ、③力を込めてしっかりと抱きしめるハグ、の三通りです。①は、「お帰り!」とか「行ってらっしゃい!」という挨拶程度のときのやり方と考えてもらうとよいでしょう。（外国では国によっては挨拶としてハグをする習慣があるようです。）お孫さんが幼児期だったら祖父母の方でもできるし、してあげてよいと思います。②は、ゆっくりとお話を聞いてあげるとき、ゆっくりとお話を聞かせるとき、機嫌を損ねていてなだめるとき、寝付かせるとき等の関わり方です。③は、子どもさんがひどく興奮している（喜怒哀楽の感情がひどく出ている）ときの関わり方と考えてください。

ただ、例外の場面があります。保育園（幼稚園）から帰ったお孫さんが、お母さんに抱っこをせがみます。（もちろん、それでよいのですが）お母さんは、抱っこをすると思いますが、しばらくして「もうおしまい。むこうで遊んでらっしゃい」と抱っこをやめようとすると、「まだー」とか「もっとー」と言われます。そこでお母さんが「いつまで甘えているの」「お母さんは忙しいの」などのことばで突き放していないでしょうか。このときに③が有効なのです。子どもに要求されたお母さんは、②でハグをします。子どもはうれしいのでいつまでも離れません。話の切れ目を見計らって、「お母さん、〇〇ちゃん、だーい好き！」と言いながら、「ギューッ」と力を入れて抱きしめるのです。そうすると、子どもさんは「いたい（くるしい）！」と言います。すぐに「ごめんね。〇〇ちゃんのことが大好きだから力が入ったね。お母さん今から食事を作らないといけないから、着替えたら遊んでいてね。」と切り換えるきっかけのハグとして使うとよいと思います。

※1　4章—3—(1)76ページ参照

※2　発達障害やその傾向のある子どもで、ハグを嫌がる子どもがいます。私の経験では、気になる様子がきびしい子どもほどハグを嫌がる傾向があり、経過を見ると「ハグを受けとめるようになる様子」と「気になる行動の様子」とでは、前者が多くなると後者が少なくなる（弱くなる）という経過を見せた事例が多かったように思います。（石橋「両者は、反比例の関係か」）

祖父母の配慮

『親離れを応援するために、甘えをすすめる』

孫と母親が、ハグしている場面はしっかり認めてあげるのがよいですね。その場面に出会ったら、「〇〇ちゃん、お母さんに抱っこされてうれしいね。いっぱい抱っこしてもらいなさいよ」もし、お孫さんが小学校低学年でしたら、ちょっとことばが違います。「〇〇ちゃん、小学校

3年だけど、あなたはまだ子どもだからお母さんに抱っこしてもらいなさいね」と言います。決して「小学校3年生になっても抱っこしてもらうのはおかしいよ！」と言ってはいけません。（どうしても言ってしまう祖父がおられたら、そのことばの後、祖母が「抱っこしてもらいなさいね」と言ってよいと思います。このときの祖父母の矛盾した言い方で、お二人がケンカをしてはいけません。それぞれのことばには次のような意味があるのです。「小3だからおかしい」とか「子どもだからよい」ということばが子どもの中で素直に受けとめられていくと、「自分はもう子どもじゃあないからやめよう」とか「子どもだから親に甘えて相談しよう」ということばを自分で考え、判断することにつながると思います。）

また、お孫さんに「おばあちゃん（おじいちゃん）もハグ！」と言って、ハグしてくれたら、「おばあちゃんもハグしてもらえてうれしいな。」と気持ちを伝えるのです。このことばが、他人の気持ちを感じ取る感性を育てることにつながると考えます。

②大好き（4章—3—(2)—③84ページ参照）

このことばは、乳児期から言い聞かせを続けてほしいと思います。幼児期、子ども（孫）は、いたずらをして叱られたときや、母親が下の兄弟（姉妹）に関わっているときなど、母親に「お母さん、私のこと好き？」と聞くことがあります。「大好きよ！」と言ってあげるとホッとした表情をするはずです。これが情緒の安定です。もし、子ども（孫）が小学校5年生で、お母さんが下の子どもさんに関わっていても「私のこと好き？」とかは聞きません。そして、お母さんが買い物をしているときに子ども（孫）に「大好きよ！」と言ったら、「変なことを言わないで！　恥ずかしいから！」と言うはずです。これは、高学年になったら「お母さんたちは私を大好きなんだ」とわかっているし、「周りの人に聞かれたら恥ずかしい」という自己客観視（客観的な認識）ができ始めているからそういう言い方をするのです。だからこそ、乳幼児期から「大好き」をたくさん聞かせて、「空気のような存在」ではなく、「認められた存在」の認識を育てることが大切なのです。

子どもさんに「好きよ」ということばをかけるときのポイントを一つ。

子どもさんが「私のこと好き？」と聞くときには、必ずと言ってよいくらい、お母さんに視線を向けているはずです。このときはお母さんも、必ず、子どもさんと目を合わせて、笑顔で「大好きだよ」と、いつになくていねいに言ってください。このとき、子どもさんが不安なために「ほんとうに？」と聞き返してくるかもしれません。そしたら、すかさず、「そうよ、大好きよ！」と言ってあげるとよいです。

幼児期（2〜4歳頃）には、ぜひ、次の絵本を読み聞かせしてほしいですね。『どんなにきみがすきだかあててごらん』（サム・マクブラットニィ作　評論社）

好ましくない事例　〝好き〟のことばの使い方をまちがえる親

多動傾向で発達に弱さを見せる年長児の相談でした。

石橋「お母さんは、〇〇ちゃんに『だーい好き』と言うことは多いですか」

母「いたずらが多いので『好き』と言うことはほとんどありません。でも、言うことはあります。あまりにいたずらがひどいと正座させて向かい合い、きちんと理由を説明してから叱るようにしています。その最後に『お母さんがあなたを叱るのは、大好きだから叱るんだからね。覚えておいてね』と言うようにしています」

石橋「お母さん、考えてほしいのですが、『好き』を遣うタイミングを考えてみませんか。もしあなたのご主人に『今日のおかずの味付けはよくない。塩辛いので、まずい！　こんなのは食べられないよ。なんでこんなに不服を言うかといったら、お前を愛しているからだ』と、お母さんがつくった料理に苦情を言っている最中に『愛している』と言われてうれしいですか」

③話を聞く（受けとめる）

小学校中学年までは、子ども（孫）さんの話はきちんと向かい合って視線を合わせるようにして話を聞いてあげることが大切です。視線を合わせていないと子どもの場合、不安になるのです。幼児期でしたら、年長さんの秋頃には「お母さん、あのね～」「お父さん、あのね～」「おじいちゃん（おばあちゃん）、あのね～」とお話ができるようになるとよいですね。（詳細は5章―4―(3)―②「話を聞く」158ページを参照）

3 対人関係＝社会性を育てるために

(1) 対人関係＝社会性について

社会性で気になる子どもたちが増えています。幼児期から「集団に入れない、一人での遊びが多い、指示すれば課題も取り組めるが、意欲が乏しい」という様子のある子どもです。ある事例で、保護者の方に家庭の様子を聞くと、「子どもも自分のペースで、家族もそれぞれのペースで動いているので家庭で困っていることはありません」ということでした。こういう場合、「保護者の関わりが希薄なため、その子どもも友だちと関われなくて一人で遊んでしまう」というふうに推測されることがありました。（保護者の工夫で改善に向かった事例も数多くあります。）また、家での生活で困り感がないために相談時の助言を参考にされずに数年が過ぎ、発達障害の診断を受けた事例もありました。

私は、「多くの親は、自分の子どもが社会的に自立することを願っている」と思います。中には、自立のために「学力・勉強」を優先的に考える大人がおられます。相談で出会った事例では、学力は上位だったのに就職できない青年（エリートコースで高学歴だった青年）がいたり、学力は最下位だったのに何とか高校に進学し、就職して自立した青年がいたりします。芸能界では、「おばかキャラ」と呼ばれて仕事をしている人たちがいますが、彼らは学問的な知識は弱いのかもしれません。（本当のところはわかりませんが…）しかし、ちゃんと社会人として仕事をしているのです。こう考えると、学力以上に社会性が重要という言い方もできると思うのです。（世界的に情勢がきびしく、子どもだけでなく大人も自立できる場所〈雇用〉がないという社会体制は、私たち大人が何とかしてやらないといけないという課題もありますが、…）みなさんの孫が、どこまで学力をつけていくかは未知数です。前述の「ひな壇」で説明したように、人との関係の中で人間として発達し、自立していくので、乳幼児期から人との関わり（対人関係＝社会性）をしっかりと見守り、育ててあげなくてはいけないと考えます。

⑵ 対人関係＝社会性に弱さのある子ども（孫）

幼児期には『静』の様子の子ども」がいます。母子分離ができない、一人遊びが多い（好きな遊具で遊ぶ）、友だちとの接触を避ける、園の先生にくっついて離れられない等々。また、『動』の様子の多い子ども」もいます。大人の指示が入らず動き回る、いろんな機械類や虫類に興味・関心が向かうことが多い、友だちとのトラブルが多い、要求が通らないと興奮する（泣く、叫ぶ、奇声を出す）等々。児童期では、友だちと関わろうとしない、人が嫌がることをする、暴言を吐く。暴力をふるう、授業中に離席をする、活動は「めんどくさい」、不快な顔をする等々の気になる子どもがいます。（中学生から大人までの社会性についての問題は、ここでは省略します。）

このような「対人関係＝社会性」の弱さは、大人の関わり方で改善することが多いのですが、関わり方を工夫しないとその弱さが固定したり、人との関係性を拒否し始めて、もっときびしい様子になったりします。私の子育て論で言いますと、「小学校中学年まではできるだけ多くの子ども同士の接触があった方が望ましい」と考えています。そのためにも、乳幼児期には、まず「家庭の中での対人関係」をしっかりと育てておくことが大切だろうと考えます。

(3) 関わり方に気をつけること

① 笑顔をしっかりと育てる

乳児期の前半は「泣く」ことが多い時期でもありますが、母親との愛着の経験を土台にして、人との関わりが増えていく中で笑顔が増えていきます。生後7～8か月頃に現れる「人見知り」も対人関係を育てる大切な経験です。

大人が意図的に関わり方を変えたら子どもの情緒が安定して気になる様子が改善するだけでなく、

そこに笑顔が増え、対人関係がいっそう豊かにとれるようになります。笑顔は乳児期から育ち始めます。その笑顔が順調に育てば、すてきな笑顔をもった青年になり社会へ巣立っていくでしょう。しかし、一方では、「子ども時代に育てておきたい笑顔が、順調に育っていない」学童期の子どもたちがいるのです。テストで90点を取っても気むずかしい顔をして不満そうに「ア〜ア」とため息をつく子ども、誉められても「上手じゃないもん」と言って笑顔を見せない子ども等、自己評価の低い子どもたちが増えているのです。その子どもたちの中には大人や子どもたち同士の共感の笑顔が弱いという印象があります。こういう子どもと出会うと、幼児期に大人からはどういう関わりがあったんだろうと考えてしまいます。

祖父母の配慮

『祖父母の柔和な視線と笑顔を』

乳児期からのお孫さんの課題は、社会的笑顔を育てることですから、母親（大人）がしっかりとあやして関わってあげるといいですね。この時期のお孫さんには、みなさん方の笑顔も大切です。私は、「乳児期の笑顔は、笑顔のある人との向かい合った関わりがあって育つのであり、しかめっ面の大人の顔や映像機器（テレビ、ビデオ、DVD等）との向かい合いだけでは豊かな笑顔は育たないのではないか」、「たくさんの実際（実物）の笑顔と向かい合った子どもはすてきな笑顔を獲得するのではないか」と考えています。

② 一緒に楽しく遊ぶ

子ども（孫）の両親が共働きの場合、親子で遊ぶ時間がわずかしかありません。そのためにテレビゲームや携帯ゲーム器、パソコン、携帯電話やスマートフォン等でのゲームで遊んでいる子どもが多いように思われます。少し大げさに言えば、「少なくとも幼児期まではゲーム機と出会わせたくない」と考えています。見えるもの聞こえるもの触れるもの、乳幼児期は五感を遣って外の世界からの刺激を取り込んで発達の栄養にしているのです。そして、その刺激の質と量は、子どもにとって「栄養になる」ものもあるし、「害」になるものもあるので大人の配慮が必要だろうと思います。

幼児期といえば、母親との愛着を育て、人との関わりの経験から、ことばを育て、感性を育てていく大事な時期です。その大切な時期の大切な時間に大切な経験・必要な経験をさせなくてはいけないのです。その一つの経験として、祖父母のみなさんには、幼児期から「伝承あそび」の楽しさ・おもしろさを経験させてほしいと思うのです。小学校の「総合学習」という時間に地域のおじいちゃんやおばあちゃんを招いて、わら草履作りとか竹とんぼ作りとかを子どもたちに教えてもらうという授業をする学校がありました。この取り組みが「おじいちゃんおばあちゃんを大切に」という「敬老」だけを目的にするのでしたら、わら草履とか竹とんぼでなくてよいのです。そこには、文化のこと、子どもたちの手指の機能のこと、初めての経験と感動を味わわせたいというねらいがあるのです。「伝承遊び」は、「お手玉、コマまわし、あやとり、山崩し、竹とんぼ、水鉄砲、Sケン、陣取り、缶蹴り」等々いろいろな遊びがあります。どの遊びを取り上げても、「幼児期に付けておきたい力」を育ててくれるものばかりです。これらの遊びは、おそらくみなさんの子どもさん（孫の両親）も知らないかもしれません。そうだったらなおのこと、みなさん方の出番です。しっかり遊んでください。（もし「遊び」を思い出せない方は、「伝承遊び」の本があるので、図書館に行かれて調べたり、インターネットで調べてみてください）

祖父母の配慮

伝承遊びを提案しているのですが、もちろん、お孫さんが保育園・幼稚園で遊んでいる手遊びや歌遊びも大いに教えてもらって遊ぶとよいですね。おそらく「保育園ごっこ」「お母さんごっこ」等にお付き合いしておられるかもしれません。これもよいですね。こういうお孫さんの方からの遊びだけでなく、おじいちゃんおばあちゃん側から「伝承遊び」を経験させたいですね。ただ、遊びを教えればよいというわけではありません。例えば、みなさんが孫に「ちょっといらっしゃい、遊びを教えてあげるから座りなさい！」と言ったとします。孫は内心、「なんかじいちゃん変な物を持って。怒られるんだろうか」と不安になり、遊びの誘いに乗ってきません。最初は、おじいちゃんとおばあちゃんが楽しそうに遊んでいて、その楽しく遊ぶ様子を見せておいてから孫を誘うようにすると、誘いに乗ってきます。そして祖父母と孫の遊びが成立したら、おじいちゃんおばあちゃんは大いに「楽しいねえ！」「おもしろいねえ！」のことばを発してください。遊びの終わりには、「○○ちゃん、一緒に遊べて楽しかったよ。ありがとうね」と声かけを。その後、孫が「楽しかったねえ」と言ってくれたら最高ですね。電子器機の入ったおもちゃほど派手さがないので、親の協力やタイミングを考えるとよいかもしれません。

4 ことばや感性を育てるために

(1) ことばと感性について

お母さん

吉越大祐（小3）（『おかあさん、あのね』大和書房1987）

夜中に、お手洗いで目が覚めた。

時計の針は、十時を指している。

居間のすきまから、
電気の明かりがこぼれている。

お父さんとお母さんを驚かそうと、
ソッとソッと歩いた。

「私、白髪があるわ。」

「そんな年か。」

という会話が、ぼくの耳に入った。

ぼくは、クルッと回って　お手洗いに行き、

急いでふとんにもぐった。
天井の豆電球を見つめていたら
涙が耳の中に伝わった。
お母さん、
ぼくの大切なお母さん、
いつまでも若くいてほしい。

この詩は、読み上げる度に声が詰まってしまうほど感動する作品です。作者の大祐くんの「感性」の素晴らしさを感じさせられます。すべての子どもたちに、こういう感性が育ってほしいし、その感性をいつまでもなくさないでほしいと思うのです。

この作品を遣って、ことばと感性について説明します。

①ことばの「四つの機能」について

これまで、豊かなことばかけの必要性について繰り返し述べてきましたが、それは「人間の発達にとってことばが重要な役割を担っている」と思うからです。

ことばには四つの機能（命名…物や様子を表す、行動調整…自分の体を動かす、意思の伝達…思いを伝える、思考…自分の頭の中で考える）があると言われています。その中で一番高度な機能が「思考」です。考えるときの手段として遣っているものが言語なのです。極論すると、「ことばがないと思考できない」ということです。

先ほどの詩を使って説明します。第一の機能は、命名です。これは、「夜中、十時、すきま、ソッと、白髪…」など、あらゆる物や様子にことばを付けて区別するということです。第二の機能は、行動調整というもので、「ソッと歩いた」「クルッと回って」「もぐった」などは、ことばを遣って自分の身体を動かす・調整するということです。（ふだんは、そんなに意識していないことが多いです。）第三の機能は、意思の伝達ですが、「白髪があるわ」「そんな年か」という会話がそうですし、この詩自体も自分の思いを伝えるということばの働きです。第四の機能は、思考ですが、これが重要なのです。

この作者は、親を「驚かそうと」考えての行動だったのですが、その思いがいつの間にか、涙を流す感情に変化していったのです。「涙が耳の中に伝わっ」てしまうようなことを考えてしまったのです。きっかけのことばは、父親の「そんな年か」ということばだったのかもしれません。少年は、「白髪？…歳？…母が歳を取る？…老人？…死ぬ？…お母さんが死ぬ?!　いやだ！」ということを頭の中で想像したのでしょう。この連想の結果、「涙」につながったのでしょう。（この想像、連想が、「ことばの発達のひな壇」の七段目の「内言」です。）

この少年が、「こぼれる」「ソッと」「白髪」等のことばを知らなかったら、また、「連想、ことばを遣った思考」ができなかったら、この作品はできていないでしょう。

乳児期、学童期までに土台として作ってほしいことは、対人関係であり、感性であり、ことばなのです。作者の大祐くんは、この三つの力が育っていたことがわかります。

②感性について

ここで、先ほどの詩で考えてみます。もしこの作品を読んだ子どもが、「おしっこに行くのになぜ驚かそうなんて考えるの？」、「両親の会話が聞こえても、驚かすことが目的ならなぜクルッと回るの？『ワッ！』って驚かせればいいのに！」、「豆電球を見つめて何を考えるの、白髪のこと？　白髪なら抜けばいいし、多いのなら髪を染めたらいいじゃない」「年？　生きてれば年を取るでしょう？」「年を取れば、死ぬのは当たり前!」等と考えるような感性しか持ち合わせていなかったら、人間の社会は「社会」として成り立っていくのでしょうか。自己中心的な人間が増えていくと、トラブルばかりになり人間の共同体としての社会が成り立たなくなるのではないかと心配でなりません。(ここ10数年の日本の子どもや青年や大人の様子がそうなってきているような気がするのですが…)

広辞苑によると、「感性」とは、「感覚によってよび起こされ、それに支配される体験内容。従って、感覚に伴う感情や衝動・欲望をも含む。」とあります。人が体験によって呼び起こされた感情や欲望などはさまざまでしょう。いろいろな感性をもつことは肯定されるべきでしょうが、「自分の感性」だけでなく「他人の感性」もあることを認識する「感性」も必要と考えます。例えば、おなかをすかせてスーパーへ行ったとします。パンが目についたので食べたいという強い欲望が起こったとします。ここまでは「自分の感性」として、誰も問題とは思いません。しかし、次に「その場で食べる」「ポケットに入れて万引きする」というような行動をとったとしたら、大いに問題でしょう。そういう行動をとる前に、「赤字を出さないで商売をしたい願い」がある「店主の感性」も認識しなくてはいけないと思うのです。ここにあげた「他人の感性」「店主の思い(感性)」は、ことばで考えないと認識できないことなのです。私は、「大人になるまでに自分の感性や他人の感性をことばで理解して、そのことばを自分のものにできるように子育てをする(教育する)ことが重要である」と思います。「学童期までは、大人が生活場面で意味づけすることばをどれだけ、どんなふうに聞かせるかということが大切である」というふうに思うのです。幼稚園・保育園・学校では、周りの子どもたちから聞く多くのことばも影響を受けるものです。

私は、「学童期までに感性があまり育っていない子ども、屈折した感性を持った子ども、自己中心の感性しか育っていないと思われる子どもたちに対して、好ましい感性を育てるには、大変な労力が必要である」と感じていますが、小学校に入ってからでも中学年までは、改善していく事例も多くあります。また、高学年の力（「10歳の節」の力）を付けているものの感性が十分に育てられていない子どもの場合は、なかなかきびしい（改善しにくい・改善するのに長い時間を要する）事例があるようにも感じています。

(2) ことばや感性の弱い子ども（孫）

ここでは「対人関係がうまくとれない」子どもの事例を考えてみます。

- 2歳の誕生日頃になっても、ことばが出にくい（一語文が弱い）。
- 4歳の後半になっても、おとなしくて集団に入っていけない。
- 5歳の誕生日頃になっても多動の様子が収まらない、切り替えられない。大人からの指示が理解しにくい。
- テレビは見るが、絵本に興味がない。
- 年長組（5歳児クラス）になっても、自分で描いた絵の説明ができない、お話に詰まって絵が描けない（弱い）。
- 幼稚園・保育園での出来事を聞いても、「わからない」「わすれた」と言うだけで、お話できない。（小学校低学年でも）
- 友だちとのトラブルで、感情的になって暴言を吐いたり、人に危害を加えたりする。
- 小学校2年生になっても日記（文章）が書けない。作文、文章の読解が苦手。等々保育園では、一歳前後の子どもがおもちゃの取り合いをして相手を叩いたり、ついたり、かみついたり、最後には大泣きをするという出来事をよく見かけます。この子どもたちのいざこざが減っていくとき、何が変わるのでしょう。そこには、「チョーダイ」「カチテ（貸して）」「（先生に）アレ！（と指さす）」等のことばが遣えるようになるとトラブルが減っていくのです。

また、2〜3歳頃は第一反抗期と言われる時期で、自分の感覚で行動するので、「〜しなさい」というと「しない！」「いや！」「だめ！」等の否定や拒否のことばを返してくるのです。このことばや反応は、この時期の子どもには「当たり前」の姿です。大人は、この様子を見て、「だだをこねる」とか「わがままを言う」と判断することがあります。そして、「わがままな子になってはいけないのでやめさせなければ！」と考え、親子がぶつかり合って「全面対決」の状況になることがあります。この第一反抗期の「自己主張」は「だだこね」「（悪い意味での）わがまま」ととらえるのではなく、「自我」「（よい意味での）わがまま」と考えるべきものです。そこでの考え方は、「どうわがままをつぶすか」というのではなく、「どう乗り越えさせるか」という考え方の方がよいのです。ことばのかけ方は、「〜しなさい」ではなく、「〜と〜と、どっちがいいの？」という問いかけがよいのです。これが「自我」を「つぶす」のではなく、自我を乗り越える力を育ててあげる関わり方です。

(3) ことばや感性を育てるために

①「形容詞などをたくさん聞かせてほしい」

（両親は仕事が忙しくて、子どもにことばをかける余裕がないかもしれません）

赤ちゃんは自分の初めてのお誕生日前後の頃には、だいたい一語文を話すようになります。次には、二語文を獲得していくのですが、その表現は、「パパ、カイシャ（名詞＋名詞）」、「パパ、イッタ（名詞＋動詞）」「タロウチャン、カワイイ（名詞＋形容詞）」等々です。つまり名詞を遣いながら動詞や形容詞などを育てていくのです。お孫さんのお誕生日の前頃から形容詞や動詞など、様子を表すことばをゆっくり、たくさん聞かせてほしいと思います。

祖父母の配慮

『孫の年齢や発達に応じたことばかけを』

乳児期の赤ちゃんには、「おいしい（オイチイ）ね」、「ほしい（ホチイ）の？」「イヤだね」「ダメなの？」のことばかけをたくさんしてほしいですね。（なぜ「おいしい」かといえば、「偏食予防のためです。乳幼児期は、食べ物はなんでも「おいしい」がよいのです。目新しいものでも、「おいしいね！」の声かけで、抵抗を持たずに口にするようになることも多いです。）

年齢が上がれば、どんどん様子を表すことばを聞かせてほしいですね。「オオキイ」「イッパイ」「イタイ」「タノシイ」「カナシイ」「ウレシイ」「キモチガイイ」等々。気持ちを表すことばを、ぜひ多く聞かせてほしいなと思います。

ただし、次のようなことばは幼児期の子どもには聞かせたくないですね。「バカ」「ボケ」「シヌ」「シネ」「キモイ」「ウザイ」「ムカツク」「ストレス」等々。

◎幼稚園・保育園に通うようになったら、次のようなことばかけをするとよいです。

●孫が園に出かけるときは、「行ってらっしゃい。園は楽しいからいいね。お友だちとしっかり遊んできなさいよ」。

●園から帰ってきたら「おかえり。元気に帰ってきてよかったよかった。園は楽しかったでしょう。よかったね」

●家族全員での食事のとき、「家族が全員そろって食事ができるのは、うれしいね」

豊かな感性（五感）を育てるために、「自然」に気持ちを向けさせることばかけもあってほしいです。例えば…雨の音、水の流れる音、葉っぱが風に揺らぐ音、虫の音、風が顔に当たる、ほほをなでる等々、様子を表すことばをたくさん、たくさん、…。

◎5、6歳児頃には、負けず嫌いの力が育っています。この頃に身につけさせたいのは、「クヤシイ！ヨシ、コノツギハ…」ということばです。自己評価の低い子ども、集団不適応を起こす子どもの中にこのことばの育ちが弱い子どもがいます。大人は、ぜひ、「ことばを聞かせて、気持ちを切り替える様子や態度を見せてほしい」と思います。

聞かせたいことばはたくさんあります。（簡単なことばでも、孫が自分から話せるようになるために、大人もことばに出す方がよいですね。）

今日は楽しかったね、元気が出るね、悲しいね、つらかったね、頑張ったね、私も頑張ろう、本当に（うれしい）、とっても、いい気持ち、いやーな気持ち、すてきな（花）、かわいい（犬）、心が痛い、涙が出そう（うれしいときでも悲しいときでも）。

◎小学校に入ったら、「恥ずかしい」ということばの遣い方に気をつけてほしいと思います。例えば、ズボンからブラウスを半分出した格好で帰宅した男児に「なんて変な格好をしているの！　恥ずかしいわねえ！」と言ってしまいます。小学校3年生くらいまでの男子では、まだまだ「恥ずかしい」

ということばを自分のものにしてはいないことがあります。この言い方は、孫は「叱られた」と思うだけで、「おばあさんはイヤだな」と思うようになるかもしれません。こういうときは、「シャツが出てるよ。ちょっと恥ずかしいね」がよいでしょう。また、次のような遣い方もよいと思います。お孫さんが宿題を忘れ、叱られて帰った日のこと。「今日、宿題を忘れたの？　先生に注意されて恥ずかしかったでしょう？　おばあちゃんも小さいときに、宿題を忘れたことがあってね、みんなの前で注意されて恥ずかしかったことを覚えているよ。それからは宿題を忘れないように頑張ったよ。忘れたのは仕方がないから、お母さんに『注意されて恥ずかしかった』とお話ししてあげなさいよ」と。そして、お孫さんが、夕方家に帰った母親に「お母さん、今日宿題を忘れて先生に注意され、恥ずかしかった」と言えたら満点です。こういう実際の体験とことばを使う経験とが合わさり、自分の思いとしてのイメージと感性とことばが育っていくものだろうと考えています。(ただし、「1回だけの関わり」では、自分の力にはなりませんから)

◎小学校高学年以上になったら、気にすることなく様子を表すことばを聞かせてよいと思います。「苦しい」「もどかしい」「寂しい」等これらは明るい、気持ちがよくなる様子を表すことばではありません。しかし、それまでに育てた気持ちがよくなることばがあると、そうでない状況があったとしても、「これを乗り越えたらうれしさが待っている！　もう少し努力してみよう」という考え方をするだろうと思います。

おじいさんおばあさんには、「話題にしたくない知らせ」が入ってきます。それは、役所が発行する広報(市報など)に訃報の一覧が載っている名簿の中には、みなさん方の知人や友人が載っていることがあるかもしれません。お孫さんが、この年齢になった、そのときは、子どもや孫がいる所で、話題にしてほしいと思います。「（息子＝孫の父に）□□さんが亡くなったようだ。覚えてる？　あの人はよい人だった。寂しいなあ。」そして、息子にも「知ってるよ、おじいちゃん。いい人だったよね。家族の人はさみしいだろうね。おじいちゃんは元気で長生きしてよ」と言ってもらえたら、それを聞いたお孫さんはどんな感性を育てるでしょうか。必ず、感じてくれると思います。

②「話を聞く」関わり方が大切

子ども（孫）を社会的に自立させるためには、自分で考え、判断し、行動する力を育てなければなりません。そこで、幼児期から、聞く力をしっかりと育てることが重要なのです。

◎1歳前後から、お孫さんは物を見ると指さしをすることが増えます。抱っこしているおばあさんは、お孫さんの指さしを見て「ワンワンだね」と言ってあげるでしょう。そのうちにお孫さんは、指さしをしながら「ワンワン」と言うようになるでしょう。「そうよね、ワンワンね」とことばを返してあげますよね。またあるときは、お孫さんが指さししながら「ワンワン！」と言ったとき、「あれはね、ニャーニャーよ」と返すことがあるでしょう。そうするとお孫さんは「ニャーニャー？」と猫を見直し、復唱して、「ニャーニャー」を覚えていくのです。子どもは、大人と共感してもらったときのことばを受けとめながら話しことばを育てていくのです。

◎4～5歳頃にもなると、自分が経験した保育園や幼稚園での出来事について、たくさんお話をするようになります。「あのね、…」「んーとね、…」と言いながら話すことが多いでしょうが、そういう話し方をしながら話しことばが育っていくのです。子どもがお話をしてくるときにかぎって話しかけてくることがあります。母親が家に帰り夕方の家事などをするときは、忙しいときに余裕がなくてなかなか大変です。または、母親が仕事からの帰りが遅くてお孫さんがさみしそうにしているとき、そのときはおばあちゃんの出番です。お孫さんの話には「あのね、…」が多いかもしれません。それはお話しすることを思い出すことがうまくできないときとか、思い出しているのだが、どうことばを遣ってよいかわからないときなどに詰まります。そのときは、ゆっくり聞いてあげると少しずつ話せるようになってきます。お話を聞いた後、「それで、先生は何をしてたの?」とか「お友だちのAちゃんは、一緒に遊んだの?」等、聞いてあげるとその問いかけにたいして経験を思い出し、追加の話をしてくれるかもしれません。そういう大人からの関わりをとおして話しことばがいっそうふくらんでいくのです。

また、お孫さんから話を聞いた後に大切なことがあります。「○○ちゃん、お話をたくさんしてくれてありがとう。おばあちゃんも楽しかったよ。ご飯がすんだらね、今度はお父さんお母さんにこのお話ししてあげなさい。父さんお母さんが喜ぶと思うよ」(そして、夕食後はおばあちゃんが台所。母親が孫と関わる時間を作る。母親も、祖母と同じように話を聞いてあげて、誉めて、喜んで『あー、楽しかった。また明日もお話し聞かせてね』と言ってあげる。)このときのお孫さんの話し方の様子は、一度祖母に対して話しをしているので、母親へは2回目となり、一度目よりもお話が上手にできるものです。そして翌朝、孫が、園へ出発するときに、声をかけるのです。「おばあちゃんもお母さんも、あなたのお話を楽しみにしているからね。今日もお話し聞かせてね。行ってらっしゃい」と。

◎小学校の低学年頃からの私の「子ども像」は、「評論家が望ましい」というものです。(たとえその意見が正しいとは言えないときでも、しっかりと話させることが大切と考えています。)例えば、この頃になると「A君とB君がケンカしたよ」と言うだけでなく、「A君が『バカ!』と言ったからB君が叩いて、ケンカになったよ。」と言うでしょう。そして、「バカと言ったA君が悪い」と、単に出来事の報告だけではなく、自分の意見も含めた話をするようになると思います。この姿が「評論家」なのです。そういう発達した姿になると、おじいちゃんおばあちゃんも聞くだけでなく自分の意見も言ってよいと思います。このお孫さんの意見に対して、「おじいちゃんは、やっぱり叩いたB君がいけないと思うよ」、「おばあちゃんは、言った方も叩いた方も、両方いけないと思うよ」と。大切なことは、いろいろな見方や考え方があることに気づかせてあげることです。

◎お孫さんが、小学校高学年から中学生や高校生になっていると、「立派な評論家」になっている可能性があります。親や祖父母が「屁理屈を言うな！」と怒ってしまいそうなくらい「正当な」評論をします。議論をしても自分の意見を通そうとしたりします。このときは、おじいちゃんおばあちゃんがむきになって「熱くならないように」気をつけてください。「孫対じいちゃんばあちゃん」で論争するのではなく、両親の意見もあるでしょうし、「難しい問題だから、他の人の意見も聞いてみようよ。あなたの友だちのA君とかBさんはどう考えるんだろうね。その子たちのご両親はどう考えるだろうね」と、他者の意見を聞くことも参考になることを知らせたいですね。

「理屈を言うな！」という大人のことばについてひと言。自立をするためには、自分で考えて「今何をしたらよいのか、どう考えたらよいのか」などを思考しなくてはいけません。この「思考をする」ことが、「理屈を考える」ことです。つい「屁理屈を言うな！」と言ってしまいますが、「理屈を言う」ということは大事なことなのです。自立するためには理屈が必要です。その理屈をどう使うかが知恵ですから、そのときだけのやりとりで完全否定はしない方がよいように思います。

なお、第二反抗期や思春期において家族関係が断絶しないように配慮するには、小学校中学年頃からの「家族間の自然な会話」の継続は重要だろうと考えます。

③発達に必要な活字文化との接触をたくさん

悩むことの一つに、「孫をどういう環境におくことが健やかな発達につながるのか」ということがあります。ことばとして「発達に必要な」と書きましたが、「発達に必要でない」、むしろ「発達の邪魔をする」環境が増えてきているように思えるからです。

「活字文化」という言い方は、具体的には、新聞、本、雑誌、辞書等の活字文化との接触をたくさんしてほしいし、お孫さんにその接触を見せてほしいと思うのです。

「してほしい」と「見せてほしい」というのは、前者は、「高齢者の認知症予防」を考えてのことで、後者は、みなさんが活字文化に接触している姿を「お孫さんに見せる」ことで、自分も活字文化に接触しようという気持ちを育てられるかもしれないと考えるからです。日本の子どもたちの語学力が落ちてきていることは、以前から指摘されているところです。私の知っている小学校では、地域の大人の方がボランティア活動として学校に入り、子どもたちに「絵本の読み聞かせ」をしているのです。「絵本は国語の分野だし、国語は授業時間に受けているのに、なぜ絵本を？」と疑問に思われることでしょう。ところが、そういう取り組みがよい結果を生んでいるからでしょうか、広がっているのです。これは、「多くの子どもたちが、『ひな壇』の2段目の『聞きことばとイメージ』が弱い」ために、ボランティアによる読み聞かせをしてもらったところ、学習によい効果を見せたということなのでしょう。そういう活動で成果が上がるということは喜ばしいことですが、何かスッキリしないところがあるのです。なぜ幼児期に、しっかりとした「聞きことばとイメージ」が育っていないのでしょうか。幼児期（小学校に入る前）に、もっともっと絵本の読み聞かせをしておいてほしいものです。

私は、小学校のＰＴＡ向けの講演依頼があると、低学年、中学年、高学年の3回に分けた講演をすることがあります。そこでは、「絵本」については、次のような話をします。低学年（1・2年）の保護者には「絵本の読み聞かせは、まだ100％、してあげてください」、中学年（3・4年）の保護者には「50％～60％は絵本の読み聞かせをしてあげてください」、高学年（5・6年）の保護者には「10％～20％の子どもには、絵本でなくてもいいですが、本の読み聞かせをしてあげてください」と。

「ひな壇」を思い出してください。七段目の「考えることば」（論理的に考える、推論する力など）は、その下の六段目までが十分に育っていないとその力が育たないのです。

絵本の読み聞かせの効果について、私は、「ひな壇の下から四段をしっかりと育て、その結果が五、六、七段目を育てることにつながる」と考えています。

絵本の読み聞かせで、注意してほしいことが3点あります。

一つは、「読む大人が絵本を楽しんで読む」ことです。読み聞かせの失敗事例があります。ある母親の話ですが、「主人が絵本を読むと、ただ読んでいるだけの棒読みだから、子どもが『お父さん、イヤだ！　お母さんがいい！』と怒るんですよ」と言われました。

絵本作家の岩崎京子さんからいただいた色紙に、こう書かれていました。「絵本の中にはあなたがいます。絵本の中には友だちがいます」と。氏のことばを勝手に解釈したのですが、「絵本の読み聞かせの目的の一つは、絵本の中の主人公になって友だちに会わせてあげることなのだろう。そのためには、大人も楽しんで読むことで絵本の中の友だちに会わせてあげられるのではないか」と考えています。

二つは、「絶対に、絵本を教科書にしてはいけない」ということです。相談のときに、年少組のお母さんの気になる読み聞かせの仕方についての質問がありました。

母親「絵本を読むとき、私が絵本に書いてある文字を指さして読むのですが、子どもの集中が続きません。文字が見られないんです。どうしたらよいですか」このお母さんは、文字を指しながら絵本を読んで聞かせ、文字の学習につなげたかったのでしょう。私は、たとえ年長組の子どもさんでも、この方法は絶対に勧めません。してはいけない読み聞かせの方法と考えています。岩崎氏のことばにあったように、「絵本の世界に入っていけるような読み聞かせをすることが大切」なのです。

第三の点は、「図鑑だけが好き（図鑑オタク）にしない」ことです。「昆虫」「動物」「自動車」「怪獣」「キャラクター」等の図鑑にしか興味を示さない子ども、そして、周りの子どもが遊んでいるのに、その子は一人で図鑑を見ているのです。私は、こういう子どもは、気になります。

◎子ども（息子・娘）のために

両親（息子・娘）は、日々忙しさに追われていると思います。その両親が家事をしているときに、孫の遊び相手がテレビや携帯ゲーム（ここ数年「スマホ」を遣っての遊び）だとさみしいですね。親のピンチヒッターとして話し相手（遊び相手）になってあげることができると思います。家庭生活では家事の協力をどうしてあげられるのかが大切な配慮だと思います。「祖父母が育孫100％、家事0％で、両親（息子娘）が育児0％で、家事100％」、逆に「祖父母が育孫0％、家事100％で、両親が育児100％、家事0％」というような両極端な比率だったとしたら、少し考え直したいですね。祖父母や両親の仕事の事情、健康状態などによって比率は変わると思いますが、その事情によって協力しあえるといいですね。

◎孫のために

中学生や高校生の学力の低下が言われています。具体的には、文章が読み取れない、文章の読解ができない、作文の能力が弱い、人との関係の取り方がうまくできない等があげられます。私は、それらの弱さの原因の一つは、「ことばの発達のひな壇の七段の弱さにあるだろう」と考えています。ここで、学童期の子どもへの「ひな壇」を育てる関わり方の一つを紹介します（特に、小学校2年から4年くらいまで）。それは、ひと言で言えば、「読み聞かされ」という関わり方です。「読み聞かせ」は、両親や祖父母がお孫さんに「絵本を読んであげる」ことですが、「読み聞かされ」とは「孫に絵本を読んでもらう」ことです。この方法は、お孫さんが「ひな壇の七段」を育てる経験になるのです。

こんな場面を考えてください。「土曜日、両親は仕事でいない。外は雨が降っているので孫はテレビばかりを見ている。」そんなとき、お孫さんが見たい番組を見終わったところで、「○○ちゃん、おばあちゃん、お願いがあるんだけど…」と声をかけるのです。そして、「おばあちゃんね、年を取ったから物覚えが悪くなったの。お医者さんに聞いたら本を読んでもらうと、それが防げるんだって。悪いけど、この絵本を読んでほしいの」と頼むことです。この学年なら大体「いいよ」と言ってくれるでしょう。

この関わりで気をつけるポイントをいくつか書いておきます。

- 一番重要なことは、「ことばと感性を育てる」ことが目的ですから、お孫さんに「強要や強制」は禁物（厳禁）です。
- 絵本は、お孫さんが幼児期に読んでもらっていたものでいいです。（家に絵本がないときは、おばあさんが図書館で借りてきます。最初はできるだけ短いものを選ぶことです。）
- お孫さんの読み方（たどたどしいか、すらすらか）によってページ数は考えてください。
- 読んでいるときに、注意や訂正はしません。声の大きさの要望はしてもよいです。「聞きにくいのでもう少し大きい声で、お願いね」（大きい声ほどひな壇が育ちます）

●一回読み終えたら「もう一回お願いね」と繰り返しのお願いはしてもよいと思います。（嫌そうでしたら、止めます。）読み慣れていないときは、その絵本は三、四日連続してお願いした方がよいでしょう。そうすることで読み慣れたときに、お孫さんは、集中力も育てながら「ひな壇」をしっかりと育てていることになります。

●読み終えたら、「○○ちゃん、ありがとう。読むのが上手だね。おばあちゃん、頭がスッキリしたよ。あーうれしい！」と、ほめことばと感想を言ってください。この「うれしい」という感想が大切です。（お礼のごほうびの出し方には、注意してください。「善意＝ごほうび」という価値観は育てたくないですから。）

●そして、もう一つ大切なポイントを。それは、両親（息子・娘）への関わりです。両親が帰宅したら、おばあちゃんはそっと「今日、○○ちゃんが絵本読んでくれたよ」と耳打ちするのです。その後、両親が次のように関わってくれるといいですね。

父親（母親でもよい）が次のように言うのです。「○○ちゃん、ちょっと来て。今日、おばあちゃんに絵本を読んで上げたの？」と、その状況を聞き出して上げます。そして「そう。それはよいことをしてあげたね。さっきね、おばあちゃんが『○○ちゃんに絵本を読んでもらってうれしかった』って言ってたよ。そういう話を聞くとお父さんもうれしいなあ」「親切にしてあげて喜んでもらえるとうれしいでしょう？」と質問してください。お孫さんは、「ああ、こういう気持ちがうれしいことなのか?!」と考え、「うん（うれしい）！」ということばが出たら、本当の意味の「親切」という感性を育てていくお孫さんだろうと考えます。

第6章
孫育てで気をつけたいこと

2点、重要なことをあげておきます。①お孫さんが何人もいるとき、本人たちの前で「孫の好き嫌いの順番」をつけてはいけません。②他人と比較した叱り方をしてはいけません。幼児期や小学校時代はもちろん、中学校であろうと高等学校であろうと、近所にいる同級生と比較した叱り方は、お孫さんの心を傷つけます。お孫さんの傷が深ければ、あなた方は「お孫さんの心の中の祖父母」にはなれないでしょう。「記憶から消したい存在だった」と思われたらどんなに寂しいことでしょう。もし、孫の親（息子や娘）がこういう関わり方をしていたら、孫がいないところで「教え諭す」ようにことばをかけてください。

1 ほめること・叱ること

相談事例　〝叱るしつけ〟が当たり前と思う大人

情緒不安定な児童（小学2年男子）の相談。両親に「情緒の不安定さがあるから、認めてあげて叱りすぎないように関わってください」と助言。父親は、「自分も父親に小さいときからきびしく叱られて育った。この子には、自立させるために甘やかさないようにしつけている。手をあげてはいけないことはわかるが、なぜ叱ってはいけないのか」と。

相談事例　ほめることの意味がわからない大人

年長組・男子。**悩み：**母親の言うことを聞かない、周りの子どもに乱暴する、活動ができるのに「できない」と言っていじけることが多い。

検査結果から「発達にはやや弱さがあるが、情緒の弱さを判断し、母親との愛着体験を増やし、子どもの自己評価を上げるために、お手伝いをしてくれたらお礼とほめことばをかけてあげたらどうですか」と助言。母親は、「先生、お手伝いは当たり前のことだから、なぜお礼を言ったりほめたりしなくていけないのですか」と。

二つの事例は、「どう叱ったらいいのか」という問題というよりも、「どうほめてよいか」がわからない大人（親や祖父母）が増えているのではないでしょうか。相談される保護者の方々が、「叱っても叱っても言うことを聞いてくれません、どうやって叱ると言うことを聞いてくれますか？」とたずねられることが多いように思うのですが、保護者の方々の「ほめる」と「叱る」という関わり方の比率が、「1：9」とか「2：8」というような、叱る割合が多い傾向が感じられます。（比率だけが問題ではありませんが…）

子育て相談のときに多い悩みは、「子どもをどう叱ったらよいですか」というものです。（祖父母の方からも多い。）では、「叱る」とは、どういうことでしょうか。広辞苑には「声をあらだてて相手の欠点をとがめる。とがめ戒める。」とあります。また「叱る」と似ていることばで「怒る」ということばがあります。これは、「激して気が荒立つ。腹を立てる。おこる。」ということで、「孫育て」ではよくないと思います。（「小芝居」のときを除く）

私は、「叱る」については、二つの注意点を考えています。①「『とがめ戒める』という意味での関わり方がよい」。（「戒める」とは、「教えさとして、慎ませる」）②「戒める」ときに度が過ぎて、「『体罰』『虐待』にならないようにする」。この二点に注意すれば、不適切な叱り方にはならないだろうと思います。

(1)「ほめ上手は叱り上手」

発達・教育相談で、対象の子どもの様子から、「この子が叱られすぎの傾向のあることがすぐにわかる事例」があります。発達検査をするとき、保護者も同席です。その検査中に「対象児が保護者の方を気にしすぎる」とか、「保護者のつぶやき、咳払い、苦笑の息づかい等々」で対象児の視線が落ち着かなくなる、集中できなくなる、表情が硬くなる等の様子を見せることがあります。極端な事例があります。「検査途中で、児童（小5）の答えが不正解だったのを見た父親が小さく舌打ちしたところ、その子の表情と体が固まってしまって次の検査項目に進めなくなり、検査を中止した」というものです。この父親の「幼児期からきびしくしつけをしています」という関わり方について工夫をお願いしたのですが、それをしてもらえずに情緒を安定させること、自信をつけさせることが難しかった事例です。私はさまざまな事例から「情緒不安定な子どもは叱られすぎている傾向がある」、「情緒不安定な子どもで親がしっかりとほめている事例は少ない」ということから、「ほめられて育った子どもは情緒が安定していく」と考えるようになったのです。

ほめることと叱ることについては、格言のような言い方があります。一つは「叱り上手はほめ上手」で、もう一つが「ほめ上手は叱り上手」というものです。似ているのですが、こと「子育て」の観点から言うと全く異質のものと考えています。私の結論としては、幼児期から学童期の子どもの子育てに関しては「『ほめ上手は叱り上手』が正解」と考えます。ただし、高校生や大人の場合には『叱り上手はほめ上手』という関わり方がよいかもしれませんが、この年齢でも、その人の成育歴によっては慎重さが必要かと思います。

⑵ 叱ることについて

「叱り方」は難しいですね。孫育てには叱ることも必要なことですから、叱らないわけにはいきません。叱られた孫の反応は、泣く、怒る、地団駄を踏む、言い訳をする、ふくれっ面をする、そっぽを向く、その場から逃げ出す等々、さまざまです。これらの反応は、叱られる内容にもよりますが、「孫の年齢」と「孫と叱る人との人間関係」によって違いがあるように思います。ですから、その二つのことを踏まえた「叱り方の工夫」が必要かと思います。そこで、叱った後の反応で気をつけたいことを二つあげておきます。その一つは、「叱っている人に対して暴言を吐く、他の兄弟姉妹や物に当たる」というような様子があるときです。もう一つは、叱られている孫（幼児・児童）の表情・反応です。父親や母親が叱っているときに孫（幼児・児童）の様子が「無表情」、「目はうつろ」「反応を見せない」という様子があるときです。特に後者の様子が頻繁にあるお孫さん（幼児・児童）は、専門家の相談を受けてみてはどうでしょうか。

相談事例　謝罪のことばを教えるだけの大人

年少児、男子。**悩み：**何か失敗するとすぐに「ごめんなさい」と言う。保護者も、失敗や間違えたときに、「『ごめんなさいは！』と謝ることを教える」と言っておられた。

相談事例　しつけを強要する祖父（母）

保育園年長組、男子。**悩み：**情緒不安定、落ち着きがない、先生の指示が入りにくい。**本児の母親からの聞き取り：**「祖父が孫の失敗をとがめるのに、私たちも祖母も呼んで叱らせるのです。『ばあさんも来い、あんたたち（両親）も来い。お前たちのしつけが悪い！　みんなも叱れ！』と言ってその場でみんなに叱らせるのです。」

これらの叱り方はよくないと思います。（叱り方の程度によっては、「精神的虐待」と言えるでしょう。）これでは、孫の情緒は不安定になるばかりです。情緒不安定が落ち着きのなさになり、遊びや活動（勉強）の集中力にも影響します。この関わり方は「叱る」ではなく、ただ「怒っている」だけです。「子育て・孫育て」をしているとは言えません。

相談事例　孫を取り込んでしまおうとする祖父母

「嫁と姑の仲がこじれている関係」、または、「実の親子である祖母と母親が、孫の取り合いをしている関係」があるような場合の事例。

子ども（孫）が失敗をして母親に叱られた直後、泣いている孫に、「おいでおいで。どうしたの？　お母さんが怒ったの？　いけないねえ。お母さんはすぐ怒るから。お母さんはダメね。もう泣かなくていいよ。おやつでも食べようか？」と話しかけるおばあちゃん。

この事例は、孫と母親の関係を屈折させるだけでなく、誤り・失敗を生かすよい機会をなくしてしまう不適切な関わりと考えます。

祖父母の配慮　『不適切ななぐさめには注意を』

孫がよく叱られるのは、やはり「第一反抗期」と呼ばれる1歳半〜3歳頃です。この年齢での配慮をお話しします。

「叱る」ことの本来の意味である「教えさとす」という関わりをするためには、祖父母と子どもたち（孫の両親）の連携が重要です。孫がおばあちゃんの湯飲みを落として壊した場面を想定してお話しします。

おばあちゃんは、「走っていたから湯飲みが壊れたでしょう！　おうちの中で走ってはだめです」と叱ることでしょう。このとき、お孫さんが泣いてもいいです。「今度は走らないでよ」と教えてください。叱る人には叱る人の役割があります。「教えさとす」役割です。次に、おじいちゃんの出番です。「○○ちゃん、どうしたの。何で泣いてるの？」と聞くのです。3歳くらいはまだ難しいかもしれませんが、5、6歳になると説明できる力はあると思います。その質問に、「あのね、おばあちゃんの湯飲みを壊したので怒られたの」と言うことができたら、おばあちゃんの関わりが「叱る＝教えさとす」の結果を見せているということになります。おじいちゃんの質問に答えられなかったら、孫がおばあちゃんの怒りに驚いて、「さとす」ことばが受けとめきれなかったのかもしれません。そのときは、おじいちゃんが孫にもう一度「さとす」のです。このときは「おばあちゃんの大好きな湯飲みだったから、おばあちゃんはさみしいだろうね。おばあちゃんに『ごめんなさい』は言ったの？」と話します。その後、孫が「おばあちゃん、ごめんなさい」と言ってきたら、「大好きな湯飲みだったからね」と寂しい顔をして、「壊れたものは仕方がない。これから気をつけようね」と笑顔に切り替えることです。これで一件落着です。

ところが、「落着」とは言えないことがあります。小学校の中学年くらいまでは叱られて落ち込んだ気分を引きずりません。すぐにキャーキャーと大騒ぎをすることがあります。これは悪いことではありません。（もし、大人のように「夫婦げんかしてから一週間も二週間も口をきかない」ような「気分の引きずり方」をしたら、その子どもは心配になります）ただ、叱って注意をして教えさとした大人は「今叱られたばかりなのに何でさわぐの！」と怒ることがあります。この怒りは「叱り上手ではない」と思います。気をつけましょう。

【後編】 先ほどの「一件落着」は前編でした。孫の両親もそろっての団らんのとき、おじいちゃんが孫に話題を出してよいと思います。「○○ちゃん、今日、おばあちゃんに叱られたね。」と明るく聞きます。孫は、経過を思い出して両親に報告することでしょう。今度は、母（父）の出番です。「おばあちゃんすみません。大事なものを。それじゃあ、○○ちゃん、今度おばあちゃんに湯飲みを買ってきてあげようか」と提案します。○○ちゃんは、おそらく笑顔で「うん！」と言うでしょう。ここで後編は終わり。

【続編】 後日、お母さんと買い物に行ったときに、おばあちゃんに湯飲みを買ってあげるのです。そうすれば、本人が選んだ湯飲みですから、大切にすることでしょう。

ここでも考えていただきたいのが『を』の孫育てではなく、『で』の孫育て」です。湯飲みを壊したこと「を」どう叱るか・とがめるかという関わり方ではなく、湯飲みを壊したこと「で」どういう力を育てる関わり方をするのか、と考えてください。この出来事では、湯飲みを壊した事実を認め、何がいけなかったのか、どうしたらよかったのかをことばで受けとめ、自分がしたことをことばをつかいながら大人と振り返り、叱られた自分の気持ち、おばあちゃんの気持ちなどもことばで知り、「買ってあげる」ことで、おばあちゃんとの新しい出会いを喜んでもらえたこと、そして、物を大切にすること等々、ことばを踏まえて感じること「を」体験・経験させたいと思うのです。

子どもは、1歳すぎ頃から叱られはじめ、小学校の中学年まで、長い期間、失敗を繰り返します。繰り返し繰り返し失敗をして、その後、それまでの失敗や成功の経験を生かす小学校高学年から中学生へと成長・発達していくのです。

⑶ほめることについて

「ほめる」ということについての私の「望ましい子ども観」は、「自分がほめられたらしっかりと喜ぶことができる子ども、そして、他人をほめることができる子ども」です。子ども（孫）をほめるときは、「みんなでほめる」が原則です。おじいちゃんもおばあちゃんもお父さんお母さんも、「すごいね」「よかったね」「さすがやね」「私の孫！」とか言って、みんなでしっかりほめてあげればよいです。

「ほめ上手」と「ほめ下手」ということばがあります。その上手と下手の境目はどうなのでしょう。その見分け方は、子ども（孫）の表情にあると思います。小さい年齢では、飛び上がって喜ぶかもしれません。年齢が上がるに従って「やった！」と言ったり、「ニッコリ」と顔をほころばせたり、「ニコッ」だったり、はにかむ様子だったりというような表情が見られるときは、「上手」と考えてよいでしょう。逆に、「ボクはダメだから！」と言って、つまらなさそうな表情をしたり、緊張した表情に変わったり、無表情になったりするような反応があるときは、「ほめ上手」とは言えないように思います。

祖父母の配慮　**『ごほうびには気をつけて』**

◎表情に気をつけてください。

情緒面で不安定な様子のある子ども（孫）は、大人の表情（顔の表情や声色）に敏感な子がいます。

子ども（孫）に素直な笑顔が出るほめ方をしたいですね。

◎ごほうびの与え方に気をつけてください。

気になる子ども（孫）たちの中に、自分がしなくてはいけないことに「イヤだ」と言う子、お手伝いも「メンドクサイ」と言ってしようとしない子が多くなってきています。そういうとき、大人は、「頑張ったら…」、「お手伝いをしてくれたら…」、「〜をあげるから」と、ごほうび（報酬）を言ってからやらせようとすることがあります。

みなさんの小さかった頃は、ごほうびはありましたか。私の小さい頃は、ごほうびは裏山の野いちごや、さくらんぼ、柿等で、たまに母が買ってきてくれていた「袋の中のあめ玉1個だけ」でした。何を思ってお手伝いをしていたのかを思い起こすと、「嫌な気分になってしまう両親の笑顔のない表情や叱られることばがいや」ということがあったような気がします。母親の笑顔で「おりこう！」「ありがとう」とほめられたり認められたりしたとき、小さかった私の心の中に「うれしいなあ」という心地よさがあります。そのあと、ごほうびがあったりしたら、「ヤッタ！」と感激していたように思います。

小さい頃から子ども（孫）にごほうびを出し過ぎると、「何かをするとごほうびがもらえる」という価値観を育てるように思います。（お金持ちのおじいさんおばあさんの場合、おやつではなくて「お小遣い」を与える事例もあります。）気になる子ども（孫）の中に、何かを頼めばすぐに「何をくれるの？」と代償を求める子が増えているように感じます。

2 再び「過干渉」と「過保護」について

第3章の「子育てで…」で説明しましたが、ここでは「孫育て」の観点で話します。

⑴「過干渉」

父さん母さんの子育て相談では、時々耳にする「祖父母の得意とするところ」のように思われることがあります。

相談事例　孫育てに自信のある祖父母

家族構成：母、本児（小1・男子）、祖父母の4人家族。

悩み：学習に弱さがある。（相談は母と担任が同席）

検査結果から、本児はわかる力があるのに、なぜことばが弱いのかが気になりました。

母親：「年中組の頃から、祖母が文字を教え始め、文字を教えるだけでなく鉛筆の持ち方まで注意していて、子どもは半泣きの状態で勉強してきました」との話。母親に本児の情緒の弱さと手指の不器用さに対する関わり方の助言をして相談を終了しました。その後、「祖母に助言を伝えたが、祖母は『そんな助言どおりにしていたら遅れるばかり！　私が教えるから大丈夫！』と言われて悩んでいます」という連絡がありました。半年後の継続相談前、私は「次の相談は祖母も同席するようお願いしてみてください」と依頼し、祖母も相談当日、同席。不愉快な表情の祖母でしたが、発達検査を見て、私の助言を聞いて、納得されたようで、それ以後、対象児への関わりの工夫が始まり、その後は、気になる様子（ことばが弱い、手が不器用、情緒不安定等）が改善されました。

祖父母の配慮　『内容の適切さと関わる人との関係性が共に重要』

孫のために関わってあげることはよいことです。しかし、その孫への関わりが「教えてあげる（＝養育、しつけ）」ことになるのか、「自己の意志に従わせようとする（＝過干渉、押しつけ）」ことになるのか、この違いを判断するのは難しいですね。この判断をするには二つの大切なポイントがあります。①わかるように教えてあげようと思うが、なかなか理解してくれない。その結果「無理やりさせる」こととなります。これは、「させようとしている」ことがその子どもに合っていない」、「課題が難しすぎる」、「子どもの発達段階に応じた課題ではない」ということが考えられます。②幼児期から学童期の子どもの反応を観察すると、関わる大人によって「積極的」だったり「イヤイヤ」だったりすることがあります。これは、「関わる大人との関係性の違いによって様子の差がある」ということです。例えば、おじいさんが、おばあさんと孫が関わる様子をまねしても、楽しむどころかお孫さんが怒ったり泣いたりすることがあります。そこで祖父母と孫の両親とで、誰かが孫に関わった様子を見て、行きすぎがあれば「ちょっと言いすぎかもしれない」とか「やらせすぎかもしれない」と意見を言ってもらえるように話し合える関係ができているとよいですね。この点で、研究者の文章を紹介します。

「教師は、一方では、教育的社会環境の組織者・管理者であり、他方では、この環境の一部分です。」(ヴィゴツキー)

このことばは、教師に向けたことばですが、私は保護者向けの子育て講演会でも話題の一つとして提供しています。そのときは、「教師ということばを『大人』や『保護者』に換えてください」といって、読み替えます。「親は、一方では、教育的社会環境の組織者・管理者であり、他方では、この環境の一部分です。」この講演のとき、私は、「ただし、親の場合は『環境の一部分』ではありません。『七、八部分』ですから!」と強調して解説しています。乳幼児期の発達は、まさにその土台(ことばと対人関係)を育てていく時期なわけですから、「保護者との関わりが『七、八部分』」と言ってよいと考えているのです。(視聴覚器機の進歩で、原文通りの「一部分」になってはいないでしょうか。)

(2)「過保護」

この「過保護」という関わり方も、子育ての相談では「祖父母の得意とするところ」と思われることがあります。

子どもへの関わりで難しいのは、「どこまでが保護で、どこからが過保護か」という判断です。その基準がわからないだけでなく、判断をさらに難しくさせるのは、日によって基準が変わってくることがあるからです。もっと複雑なことに、「(孫に同じことをしてあげるのに)母は保護だが、祖母は過保護になることがある(逆の場合もある)」のです。私は、「過保護と保護の境目は適当でよいかな」という考え方をしています。しかし、「『必要以上に』という関わり方をすることで、孫に育てるべき大切な目標を忘れていないか」という点を忘れてはいけないと思います。私の持論は、「大切な目標がわかっての関わりなら、『過保護と思われる関わり』があってもよい」と考えています。

相談事例　甘やかす祖(父)母

保育園の年中組、男子。**悩み：**一人遊びが多い。動作がゆっくりで遅れる。給食もゆっくり、着替えもゆっくり。

保育士：遊びたい気持ちはあるが、みんなの後ろからついて行く。給食もゆっくり、着替えもゆっくり。自分では着替えようとしないので保育士が近づくと、脱ぐときも着るときも両手を広げる。脱がせてもらえる、着させてもらえるものと思っている様子がある。母親に聞いたら、「子ども一人で着替えさせたいのですが、祖母が『本人が自分でしないから…』と言って、毎日祖母が着替えさせている」とのこと。

祖父母の配慮

『孫との関わりは、〝0か100か〟〝○か×か〟ではありません』

この関わり方は「過保護」と言えるかもしれません。幼稚園・保育園や小学校の子どもだから「一人でできるようにさせたい」という願いでしつけをする大人の方がいます。この思いは間違いではないでしょう。「さっさと一人で食べられる」「さっさと一人で着替えられる」力が育つことは大切なことですから。この事例のような「遊べない、動作がゆっくり、活発さが弱い」等の相談内容は、発達の視点で考えるとどれも関連性があり、これらは一つが伸びれば他のことも伸びていくと考えられます。よい関わり方は、二つあります。①「着替えたら、トランプしようね」、「ご飯食べたら、絵本読もうね」と、「〜したら〜しようね」ということばかけをすることです。②楽しい遊びを増やし、このときには「楽しいね!」ということばもかけて、ことばを伴った感性を育てる関わり方をすることです。遊びが増えれば「〜したら〜しよう」の内容が増えます。(前述した「ごほうびを知らせる方法には気をつけて」と似ているようですが、全く違います。こちらの方法は、「生活の流れを知らせて先のことをことばで理解し、見通しをもつ力を育てる」関わり方ですから。)

3 絶えず父・母（息子や娘）を意識して！

(1) 孫を抱え込みすぎないように

新米の父親・母親が日々苦戦していて、ちょっと息抜きをさせてあげるのに祖父母が孫を預かることはあってよいと思います。気になる事例もありました。「新米の親（シングル）が、友だちと会うために毎夜のごとく出かける」というものです。（「新米の両親が毎晩一緒に出かける」という例もありました。3章―3―(4)―②61ページ「過保護」参照）

(2) 年上の孫を抱えすぎないように

この「年上の孫」とは、第二子が生まれたときの第一子を言います。では「抱えすぎる」とはどういうことでしょう。これは、第二子が誕生すると母子のことを配慮して第一子に祖父母が関わることがありますが、その関わりが長く続いていることを言います。

ある事例では、お孫さんと祖父母が一階で寝ていると、夜中に「ママのところへ行く！」と泣くようになったので、お父さんが二階から降りてきてその子を抱っこして二階に上がり母親の布団に入れるが、次に「おばあちゃんがさみしいからおばあちゃんとこに行く！」と泣き出し、また父親が一階に連れて行く。しばらくするとまた「ママ！」と泣き出しまた父親の出番。二階に行くとまたまた「お

ばあちゃん！」と泣く。結局、夜中に父親が何度も一階と二階の行き来をする羽目になった例です。

「祖父母の寝床」でもう一例。ある相談のときの祖母の話。「先生、孫は温かくていいですよ。冬場は湯たんぽがいりませんから」と笑いながら話されたことがあります。祖父母が「孫を湯たんぽ代わりにする」ことで、「親子の愛着を育てることを邪魔する結果になる」ような関わりは、考え直してほしいですね。

(3) 家族のいさかい（ケンカ）に気をつけて（5章—2—(2) 129ページ参照）

孫たちが、一番情緒面で不安定になるのは家庭内の「もめごと」です。特に孫たちの両親の夫婦げんかは、情緒不安定になります。ですから、みなさんの子どもたち（息子や娘夫婦）が頻繁にケンカすることがあったら、みなさんの助言は絶対に必要です。「夫婦げんかは犬も食わない」と言いますが、「犬が食わない」どころか「犬は孫に噛みつき、心に傷を負わせる」ことがあります。また、両親のケンカだけでなく祖父母と両親のケンカでも同じで、孫たちは戸惑い、うろたえるのです。

相談事例　祖母と娘（孫の母親）の親子げんか

家族構成：母、本児（小2・男子）、母方祖母の3人家族
悩み：注意散漫で落ち着きがない。学習に弱さが見える。（学校も家庭も共通に認識）

本児の発達検査前の母と祖母から聞き取りをしました。

母親「集中力がなくって、宿題の問題文もきちんと読めないのです」
祖母「あなたが、あんなにきつく言えばやる気をなくすよ！」
母親「そんなにきつく言ってないでしょう！　読み方が下手だから『きちんと見て読みなさい』と言っているだけです」
祖母「いいえ、あなたは、何度も言ってくどいと思うよ」
石橋「（二人の間に割って入って）わかりました。お二人で宿題を教えておられるのですね。子どもさんへの関わり方は、後でお話ししますね」
　本児の発達検査では、祖母と母親に「黙って見ておくように！」と注意したので、検査中は黙っていましたが、本児は時々二人に視線を送り、気にしていました。本児の様子は、笑顔が少なく、悩みのとおり集中力の弱さを見せました。結果からは、「情緒面の弱さはあるものの、ことばの力は持っている」と思われ、「本児は情緒を安定させたら学習面では力を発揮していくであろう」と助言をしました。
石橋「今日のお話で、おばあちゃんとお母さんの意見に違いがあるのですが、いつもお家ではああいう言い合いになるのですか」
母親「そうです。わたしが子どもに何かを言うとすぐに口出ししてくるのです」
祖母「いつもじゃないですよ」
母親「いいや、いつも！　この口出しは、私が子どもの頃から変わっていません！　何をしても『ああでもない、こうでもない』と注意されました。私も子どものためには大事なことかなと思って、子どもに注意をしているのです」
石橋「おばあちゃんとお母さんのケンカ腰の言い方で、彼がとまどいや不安を感じて情緒面で弱さを持っているかもしれません」
祖母「先生、ケンカではありません。お互いに言いたいことをはっきり言っているだけですから」（母親「そうです」）
石橋「すみません。口調やことばの使い方で『ケンカ腰』と感じました。それで、これからのことですが、お二人の口論は工夫されてはどうですか。子どもさんの前で口論するときは、『ケンカじゃないからね』としっかりと伝えてください」

本事例では、半年後に落ち着きを見せ、1年後には腕白な男子になっていて悩みも改善し、相談を終了しました。

(4) 食生活にも気をつけて

相談事例　祖父母の甘やかし

家族構成：両親、本児（小2・男子）の3人家族。同じ敷地の隣の棟に祖父母
悩み：学習で遅れがある。（学校からは、「肥満・偏食があります」）

相談は、母親、担任、養護教諭が同席して実施。

検査結果の説明と助言をした後、私の方から「肥満の様子」について話題にしました。食生活の様子とおやつのことについて、母親は話しにくそうに次のようなことを話されました。

母「主食はほとんど食べません。好きな肉類を食べるくらいです。朝は、菓子パンとコーヒー牛乳です。甘いお菓子と炭酸飲料が好きです。保育園に入園する前は、普通に食事をしていたのですが、保育園に行くようになり、私が仕事から帰るまで、祖父母にお願いをしていました。祖父母の部屋にはしっかりとおやつがあり、炭酸飲料も買ってありました。始めのうちは、夕食も食べていたのですが、年中組の頃には主食を食べなくなりました。私が、『おやつを少しにしようね』と本人に言うのですが、おばあちゃんが、『少ししか食べてませんよ。ネー○○ちゃん』と言われると、息子も『うん』と言うのです。主人は、『もともと少食なんだろうから、…』と言って、おばあちゃんたちに注意してもらえないのです。この頃は、学校からもお知らせがあるので、祖父母も気にしているようですが、おやつと飲料はしっかりと買い置きがしてあります。今は、本人が『ちょっとしか食べていない』と言っています」

石橋「お母さんも嫁の立場で言いにくいこともあり、悩んでおられたのでしょうね。お父さんと祖父母に理解していただくには、お医者さんの判断を聞いていただくとよいかもしれません。お家へ帰られたら、今日の相談の結果を報告してください。『先生の話では、勉強の遅れについてはことばの弱さがあるものの、理解する力があるので2年という学年から考えても、配慮を適切にしていけば大丈夫と思います。と言われたよ。その後、この子の肥満について話を聞かれて、そちらが心配になってきたんだけど…』そして、今から話すことをみなさんに伝えてください。（養護学校小学部高学年の知的障害の女児で、肥満から成人病を発症し、入院治療のかいもなく死亡した児童の話）お話しした後、『もしものことがあったら嫌だし、子どものときから成人病なんかにしてはいけないと思うので病院に行ってみようと思う』と言われたらよいでしょう。養護の先生にも相談しながら健康面の配慮も連携を取ることが大事ですよ」

半年後の相談では、母親が助言を実行されていた。小児科を受診したら「成人病の予備軍」と診断され、食生活（間食を含めた）について指導を受けたようで、祖父母も「おやつ無し」の環境を作られたようです。偏食も改善され始め、体重も減少し始めているという報告を受けました。学習面でも、よい方向に向かいました。

祖父母の配慮

『おやつの置き場所に注意を』

三世代同居の家庭で、「おばあちゃんの部屋のおやつをつまんでいて、夕食が進まない」という話は、よく耳にする出来事です。祖父母の方は、「小腹が空いた」「ちょっと虫養い」という思いから、すぐに手が出せる飯台の上におやつを置いておくことはあると思います。もし、みなさん方の部屋にお孫さんがよく出入りできる環境でしたら、おやつは「目の届かないところ」「手の届かないところ」に保管しておくことが、「罪つくり」にならなくてすむと思います。一緒に食べることがあったら、たくさんの量は見せずに、わずかな量を一緒に食べるとよいでしょう。

(5)「たかが耳垢、されど耳垢!」

相談事例　耳垢からことばの弱さ

家族構成：母親、男児（年中組）の二人暮らし

悩み：落ち着きがない（多動傾向）、指示が入りにくい、テレビは好き

発達検査のときの様子と検査結果から、「理解する力はもっているのに、言語の力が極端に弱い。（5段階相対評価で言えば「3と1」）耳の疾患か、耳垢か？」と考えられ、母親に「中耳炎などで耳鼻科にかかったことは？」質問しました。母「この子は健康でほとんど病気もしなかったので耳鼻科にはかかったことがありません」そこで、「耳垢は取っておられますか？」と聞くと、「え？　取ったことはありませんが…」との返事でしたので、了解をもらってその子の耳の中を見せてもらいました。「！」、素人の私でも耳の穴が完全にふさがれているのがわかりました。（耳垢栓塞という状態）「お母さん、耳垢で穴がふさがっています。すぐにでも耳鼻科へ行って診てもらいなさい」と指示しました。

その夜、母親から電話。「耳垢がびっくりするくらいたくさん出ました。お医者さんに『こんなになるまでほうっておいたらダメだよ』と叱られました。ことばが弱いのは耳垢のせいですか？」私は、「耳垢が原因とすれば、これからの関わりで伸びていく可能性があるので、頑張ってみたらどうですか」と話すと、「私は『バカ親』ですかね」とつぶやかれました。（小学校入学以後の相談は無し。その後は、

ことばの遅れが軽減できたものの学習に弱さがあり、かろうじて高校を卒業したらしい。）

相談事例　中耳炎とことばの弱さ

家族構成：父、母、本児（3歳前・男児）、母方祖父母の5人家族（母親は看護師）
悩み：中耳炎によくかかる。ことばは一語文が多い。遅れがあるのだろうか。

発達検査の様子と検査結果から、「しっかりと私の方に気持ちと視線を向けてきている様子から、理解する力は十分にもっているのですが、言語の力が弱いです。（5段階相対評価で言えば「4と2」）耳の疾患によるものか？」と考え、母親に経過をお聞きした。母親は、一年以上、毎月と言ってよいくらい通院していて、鼓膜の切開と薬で治療を受けています」と話された。お母さんは仕事柄、よくご存じなので「セカンドオピニオンで別の先生に診てもらったらどうか」と、遠方の医師を紹介しました。翌日、保育園から「チューブを挿管され、診ていただくことになったようです」と連絡が入りました。本児は、年長組まで相談が継続し、年長児には検査結果は、5段階相対評価で言えば「5と4」までの力を見せてくれました。（その後、偶然、父親にお会いし、「高校（進学校）では、何とか上位で頑張っています」と話されました。）

祖父母の配慮　『耳垢にも気配り・目配りを』

耳の状態は、乳幼児期の子どもの発達に影響をするものです。時々は、「聞こえや耳垢」のことは話題にしてほしいと思います。耳垢について、私が信頼する耳の専門医からの助言です。

「耳垢を取るように保護者に言われるのはよいが、くれぐれも注意するように言ってください。私は、親が子どもの耳垢を取っていて鼓膜を破って救急車で運ばれてきた子どもの治療をしたことがあるので、難しいときには医者を頼りなさいと」

お孫さんの名前を呼んでも反応が弱かったり、テレビにかぶりついてみる様子だったり、ボリュームを大きくしてしまったりというような様子があるときは、「聞こえ」を気にしてください。

4 「発達障害」「発達障害の傾向」と言われた孫について

「はじめに」で、「気になる子どもが激増している」と書きましたが、その気になる子どもたちの中に「発達障害」の診断を受ける子どもたちがいます。

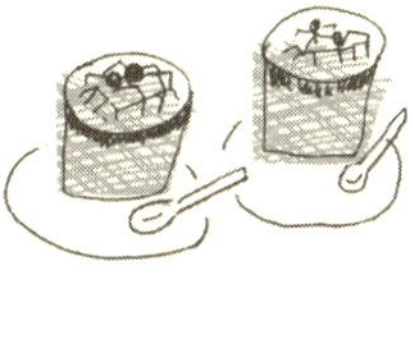

⑴ すべての障害は「連続体」

「連続体」ということばは、数学や物理学などで遣われているようですが、私は単純に「境目がない様子」という捉え方でいます。

わかりやすい例。インターネットで「メタボリックシンドロームのチェック表」という項目を検索すると、「20項目の設問で、11～20項目の設問にチェックが入ると『将来、生活習慣病になる危険もある』」と説明があります。チェックの数は「0から20まで」、21種類の違いの人がいると思います。「0」の人はメタボの心配はいらないかもしれませんが、「20」の人は、「危険がある」と言うより「今すぐ入院して検査・治療が必要」かもしれません。では、「11」の人はどうでしょうか。自覚もないし、医師からは「経過観察」という状態かもしれませんし、「10」の人でもチェックした項目の状態が深刻だったら「治療開始」という診断を受けるかもしれません。

このように、「メタボ」の状態も「境界の線引きはできない」のです。こういう様子を「連続体」と考えてよいと思います。体の不自由な状態、知的に弱さのある状態、視覚や聴覚に弱さのある状態、対人関係やことばで弱さのある状態等々、その弱さの程度に「様子が見えない～軽い～重い」まで「境目がない」と考えています。

20年くらい前から小学校の通常の学級に「学習に困難」な子どもが増えています。その中に「軽度の発達障害」と言われる様子の子どもがいるのです。この子どもたちも、学校生活や家庭での生活にほとんど支障がない様子の子どもから、家庭生活も学校生活も困り感がある子どもまで、「連続体」なのです。一人の子どもでも、困り感がたくさん出てくる環境から、困り感を出さなくてすむ環境まで困り感も連続体なのです。

(2)「早期発見」と「よい専門家」

「(人間の) 発達とは、制限からの解放」という言い方がありますが、赤ちゃんの頃から「赤ちゃん (子ども) 自身が困り感を乗り越えていく」ことが、「発達」という言い方と重なるかもしれません。その「困り感」を克服できない状態の子どもが「発達障害」の診断を受けている子どもと考えています。

その「困り感」は、子どもが「乳児」のときから始まっています。幼児期の前期は困り感がはっきりと見えてきます。幼児期の後半、就学前には周りの子どもたちとの違いもはっきりと見えてきます。

前述のように、「第一反抗期」の関わり方に適切に配慮し、うまく乗り越えさせてあげると「困り感」は減少します。ですから「軽度の発達障害」の可能性のある子どもは、3〜4歳頃には「発見」し、適切な配慮を勧めます。遅くとも、小学校中学年 (3〜4年) までに「発見」して配慮すると、「状態の軽減 (状態によっては克服も)」は可能だろうと思います。ですから、「困り感」が見えたら、適切な配慮を教えてくれる専門家に相談に行くことを勧めます。

ここで、「専門家」の事例をお話しします。

子どもへの関わり方にはいろいろな考え方があるので、専門家によっては助言の違いがあることもあります。医療の世界には、「セカンドオピニオン」というものがあり、「別のお医者さんを受診すること」を言うようです。子ども (孫) の発達のことで気になることがあるときは、複数の専門家に相談して情報をもらってもよいと思います。

ここでは、2点についてお話しします。

一点目は、「よい専門家」の「よい」ということばを遣う意味についてです。これは、「悪い専門家」ということばと対比させているわけではありません。私の思う「子育てや発達に関してのよい専門家」は、子どもの発達を「～歳くらいの力があるという発達の質」の面からだけでなく、その「質」が「どれくらいの豊かさや弱さがあるかという発達の量」という面からも説明できる専門性のある者と考えています。その他にも、保護者が納得できる情報を提供する専門家、自分の能力の限界を知っている専門家、相談依頼者を自分だけで抱え込まない専門家なども「よい専門家」と考えます。

もう一点は、「よい専門家との継続相談は有効である」ということについてです。

表1

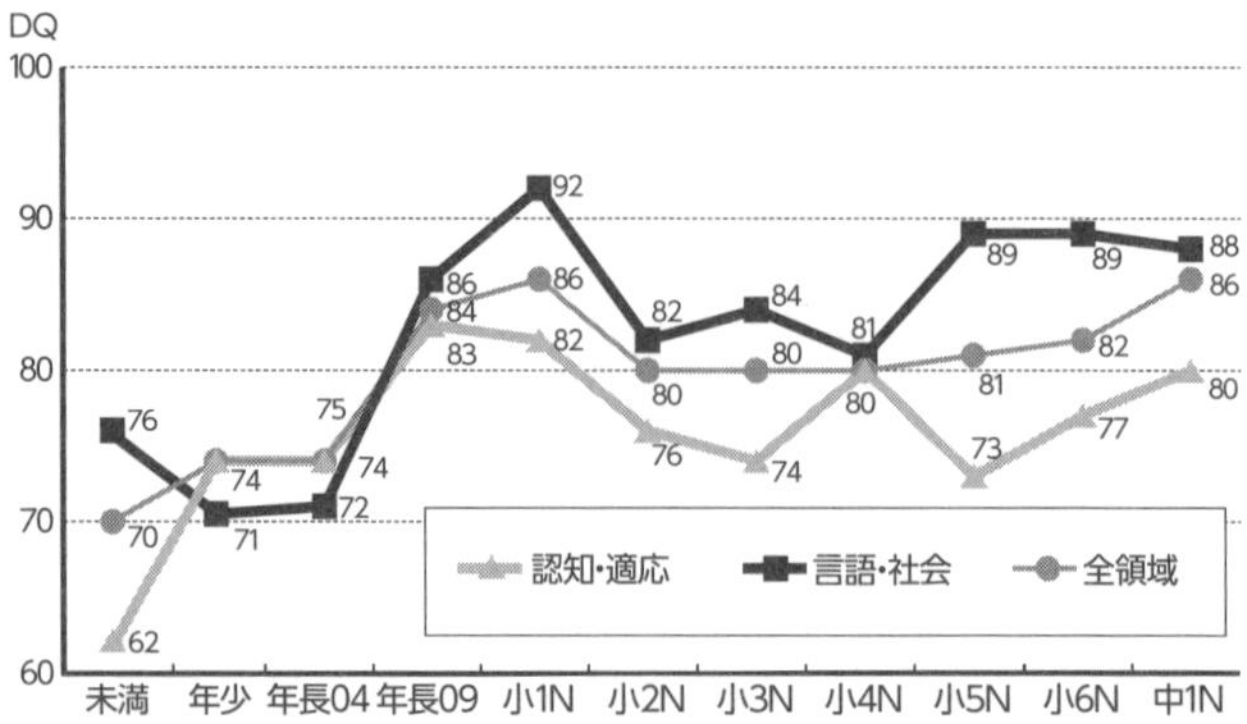

まず、表1の説明をします。この表の縦軸は発達指数（DQ）、横軸は生活年齢（クラスや学年）を表します。「年長04」というのは「年長組の4月」、「小1N」は「小学校1年通常の学級」という意味です。グラフのマークの「▲」は、道具を扱う検査項目で、「認知・適応」という領域、「■」は、ことばに関する項目で「言語・社会」という領域、「●」は、この検査全体での結果を表します。グラフ内の数値は、DQ（発達指数）の値で、一般的に知られている「IQ（知能指数）」と同じような意味合いをもつ数値です。生活年

齢に応じた発達の力があるときを「１００（『平均』といわれる数値）」とされています。私見では、「60台前半以下だと知的障害の疑いがあると判断する数値」です。（発達検査は、子どもの発達を支援するためのものですが、ここでは分析や助言は省略。）

初回相談時の本児は、保育園未満児（2歳児）で、悩みは、「多動傾向で、関わりにくく、こだわりがある」というものでした。私は医学的診断はできませんが、「視線がほとんど合わせられず、空を見つめる様子も頻繁にあるので、自閉症の傾向がある幼児」という印象でした。初回の相談には両親が来られ、「関わりにくく、ことばも弱さがあるので、その弱さが育つ関わり方をしてはどうか」と助言をしました。以後、毎年、継続相談を希望され、相談を実施しました。小学2、3年生頃に母親に対する反抗的な様子が現れるものの、スポーツ少年団に参加し始めたことから友だち関係が広がり、「自閉症の様子」はなくなっていき、中学校1年生のときには、私の方から「これからもご両親が配慮を続けていけば、彼は自立していくと思われるので、私の相談は終了してよいと思います」と、相談終了を告げた事例です。（現在は、希望した高校に進学・卒業し、就職したとの風の便りがありました。）両親とも、私の情報から「子育てはふたばマーク」をしっかりと受けとめておられ、夫婦で関わり方の共通理解をし、学校の先生方とも連携を取られた結果、自立につながったのだろうと考えています。

◎表2（次ページ）の事例について（詳しくは拙著を参照。174ページ）

この表は、小学校4年生と高等学校1年生のときに検査をした結果を表にまとめたものです。小4のときには、両親と担任が同席して相談を受けました。悩みは、「学習態度が気になる」こと（衝動的な行動、授業中の声出しや手遊び、居眠りなど）があり、学習面でも苦手さを見せている児童でした。このときのＤＱ（発達指数）の84は、数値的には「中の下」位ですから、通常の学級には普通にいる子どもです。しかし、本児は、「情緒面の弱さと、次の発達の坂道（「9～10歳の節」）を登るために必要なエネルギーの弱さがあるために困っている状況にいる」と判断しました。そのことを担任と保護者に話し、配慮と課題を助言しました。

5年7か月後、突然、公立高校から「生徒の保護者から『石橋先生の相談を受けたい』と要望があったのでお願いできないか」という「相談依頼」の電話がありました。その学校で「進級させられるかどうかを検討していて、保護者の面談をしていたら希望が出された」とのこと。相談当日、ご両親に挨拶をすると、「ずっと先生に相談をしたかったが、別の先生だった」との経過を話された。このときの検査結果が「高1N」の欄です。認知適応のDQは「84が89」ですから、力をつけていることがわかりますが、言語社会のDQは「83が63」になっていたのです。検査の途中で「これはきびしい」とわかっていましたが、数値を算出すると「愕然」としました。発達年齢を見ると、2回目の検査まで5年7か月たっていて、認知適応の領域で「5歳3か月」の発達を見せているのに、言語社会ではただの「1歳4か月」しか伸びていないのです。この弱さが小4のときに課題として説明した、「10歳の節」を登れずに困っている姿なのです。（認知適応の領域ではその節を登っている様子もある）保護者と担任へは、「生徒さんは言語面の弱さが見えるので、これから2年間、この力を育て、自立に向かってほしい。『自立の可能性はある』と思う」ということを話しました。

表2

	発達指数・DQ			発達年齢・DA		
	認知適応	言語社会	全領域	認知適応	言語社会	全領域
小4N	84	83	84	08:05	08:04	08:05
高1N	89	63	75	13:08	09:08	11:06
差	5	▽**20**	▽9	05:03	01:04	03:01
5年7月のDQ	94	**24**	55			

いろいろと話をまとめてみると、小5から中3までは、毎年、他の専門家の相談を受けたようです。その専門家からは、発達検査ではなく心理特性を調べる検査を受け、「苦手な国語はわかりやすく援助し、得意な算数（数学）はしっかりとほめて、計算能力を学習意欲につなげていくように」と助言され続けたようです。この助言をことば通りに実践すれば、こういう結果になることを教えてもらいました。（残念ながら、この専門家は、「9～10歳の節」を越えさせる（＝自立させる）ために何が必要か、をわかっておられないのではないかと想像してしまいます。）

30年の「困り感のある子どもたち」との出会いで、「困り感」を克服して自立していった子どもや、「高機能自閉症」「アスペルガー症候群」と診断を受けたのに、ほとんど克服し、担当医から「診断名を降ろしましょう」と言われた子どもまで、いろいろな子どもたちがいます。「困り感があって当たり前」が子どもの発達です。その困り感に対する対応の仕方によって、克服に向かったり、困り感が重篤になったりするのです。ですから、繰り返しますが、「適切な情報をくれるよい専門家」と出会うために、複数の専門家に相談をしてもよいと思います。よい専門家と出会えたら、安心できるまで相談をするとよいでしょう。（ただし、小学校高学年以降は、本人が「相談に抵抗」をもち始めるので、納得して相談を受けるようにしておくと、いっそう相談の経過がよいように思われます。）

(3) 困り感のある子どもと関わるときの考え方

「困り感」への関わり方には「対症療法」「原因療法」（共に医学用語ですが、わかりやすいことばなのでつかいます。）という方法があると思います。現在の日本の状態は、「対症療法」に重点を置いた手法が主流になっていると感じています。

どうか、「軽度の発達障害（『傾向』も含め）」の子どもへの関わり方は、「対症療法」的関わり方だけで対応しないでください。

（上記の、「診断名をつけましょう」と言われた子どもへの助言内容は、「原因療法」的関わり方に配慮してもらい、相談を継続していった事例です。）

5 国民的課題にしたい 子育てで重要な三つの時期

「国民的課題」と言うと、大げさな言い方に聞こえますが、日本の子どもたちの置かれている現在の状況・実態は、こういう提起をしていかないと大変なことになるという危機感からのことばです。その危機感から拙著（『子どものねがいに迫る発達・教育相談』参照、１８７ページ）で、大げさなようですが、提起をしたのです。

次の三つの時期を、しっかりと乗り越えさせると、子ども（孫）が「環境要因からくる軽度の発達障害」になることを予防できるし、将来重大事件（「いじめ」を含む）を起こす中・高・大学生・大人になることの予防につながるのではないか、と考えています。

(1) 乳児期（0歳）

乳児期は、母親を中心に「人との関係＝愛着」を育てていく重要な時期で、人（親や兄姉や祖父母）からの関わりで人に気持ちを向ける楽しさ（心地よさ）を学び、その関わりの中で「ことば」を受けとめて言語の土台を作っていくのです。これらの刺激が意欲につながり、運動面での発達にもよい影響をするものと考えます。

この時期に注意したいことは、「視聴覚機器との接触」です。その理由を端的に言えば、「視聴覚機器との接触時間は、人との接触時間と反比例する」からです。２０１３年11月、小児科医会が「スマホに子守をさせないで」というポスターを発表しています。とくに乳幼児期の子ども（孫）の健やかな発達のためには、「絶対にしないで」と言いたいくらいに重要な指摘と考えています。

(2) 幼児期（1歳半～4歳）

この時期は、「イヤ」「ダメ」「（自分が）スル」など、自分の思いがわかり、それを自己主張する時期で、「第一反抗期」と言われたりもします。親ともぶつかり子どもたち同士でもぶつかり、保育園や幼稚園の先生ともぶつかる時期です。この人と自分のぶつかり合いを通して、ルールを理解したり、自分の気持ちを切り換えたりする（がまんする、ゆずる、待つ等）ことを覚えていくのです。このときも、「人との関わり」と「ことば（聞きことば・話しことば）」が重要な役割を果たしています。

乳児期に、人に向かう力、人とつながろうとする力、ことばを受けとめようとする力などに弱さがあると、この第一反抗期でも自我がしっかりと育てられなかったり、自我が育っていても人の思いを受けとめる・ことばを受けとめる力に弱さがあったりすると、次の発達に影響していくことになります。

(3) 小学校前期（「6〜9歳」）

本文中に、何度も何度も「小学校中学年」ということばを遣ってきました。この「小学校中学年から高学年」に成長していくとき、大きな発達の「坂道」（節）があるのです。小学校低学年から高学年にかけて飛躍的に発達する時期を「9〜10歳の節」と言います。この発達の節目を乗り越えられるか、その坂道が乗り越えられずに足踏みをするのか、これが「知的障害かどうかを判断する発達面での目安」とも言われているものです。（この「9〜10歳の節」については、一般の高校生の中にもこの「節」の弱さを引きずっている生徒が少なからずいるように思われます。）

この「発達の節」の特徴は、「論理性、客観性、計画性の力の育ち」ですが、それらがどう獲得されてきているかということが、この前期の課題だろうと考えています。これらの力が弱いと、自立した社会生活で困難を抱えることがあります。この節に弱さがある子どもの場合、(2)の力（第一反抗期を豊かに越えてきたかどうか）の弱さを引きずっている場合もあるように思われます。

幼児期の後半（年長組、5歳児）には、自我がぶつかり合い（「一番好き」）ながらルールを覚え、切り換えも覚えていきます。小学校に入ると理屈を言うようになり、「評論家」ぶります。この頃は、ことばのやりとりを通してすじみち立てて考えることができるようになります。このときは、過去の経験を思い出し、先のことを考えて、自分の思いをまとめる力も目につくようになります。こういう力を育てていくことから「10歳の節」を乗り越えていくことにつながるのです。

社会は、「環境によってこの『節』が乗り越えられない子どもにしてはいけない」と思うのですが…。

第7章 遠距離の「子育て」「孫育て」

「子ども（息子や娘）と孫」が遠距離に住んでいる場合、「連携」は難しいのですが、工夫しておられるのでしょうね。「連携」の伝え方（＝言い方）に気をつけないと、避けられたり、迷惑がられたり、嫌がられたり、疎ましいと思われたり、挙げ句の果てには「嫌われる」存在になってしまうのは、決して祖父母の願うところではありませんから。

1 気になる子育て・孫育て

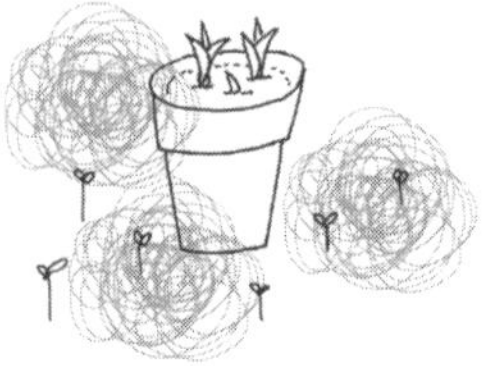

相談事例　祖父母からの電話を迷惑がる孫と子ども

家族構成：両親、本児（A君、小学1年）

悩み：学習についていけていないのではないか。あまりおしゃべりが得意ではない。テレビが好きで、アニメや戦隊物を繰り返し見ている。

祖父母は遠くにいて、発達の弱さを気にして毎日電話をしてくる。

石橋「祖父母からの毎日の電話は、A君も喜ぶんじゃあないですか」

父「いいえ、Aは『また、じいちゃんじゃない？』と言うだけです。食事とかお風呂とか、忙しいときにかけてくるんですよ」（迷惑そうな口ぶり）

石橋「それは残念ですね。A君の国語の弱さは、話しことばの弱さも原因の一つです。父さん母さんはしっかりA君の話を聞いてあげたいけど、『忙しくて聞いてやれない』ですよね。こういう時に祖父母が、電話をかけてくれてA君の話を聞いてくれたら、彼の力を育ててもらえることになり、ありがたいじゃあないですか。今日の夜は、さっそく、おじいちゃんたちに相談の結果を知らせ、『A君の話を聞いてほしい。話を聞いたらほめたり喜んだりしてもらえないか』と頼むと、おじいちゃんたちは協力してくれると思いますよ。電話が済んだらA君に『おじいちゃん、なんて言っていた？』と聞いて、彼が『喜んでいたよ！』と返事をしたらしめたものです。そうしたら彼に『それじゃあ、明日もお話ししてあげたら？』と言えばいいでしょう。あとは、A君が大好きなテレビの時間とか食事中は困るので、いつ頃がよいかをおじいちゃんたちと話し合っておけばいいのではないですか」

（その後、「相談時の助言を両親に伝え、時間を決めて電話をしてもらい、子どもと話をしてもらっています」との報告でした。そして、発達検査ではよい結果を見せ、学習面でも改善が見られ、3年後には相談は終了しました）

祖父母の配慮

『子どもの家庭生活の流れを知って…』

祖父母が電話などで孫の話を聞いてあげると、みんな（祖父母・両親・孫）にとってよいことがあると思います。

●祖父母にとっては孫と関わることができるし、孫や子ども（孫の親）の様子がわかる。
●両親にとって、テレビやゲームと触れる時間を少なくして子どもに必要な「ことばを育てる」時間を作ってあげられる。親としても家事をしながら、祖父母とわが子の会話を聞くことでわが子の様子がわかる。
●子ども（孫）は、しっかり話を聞いてもらえるのでうれしいし、祖父母や両親が自分の話を聞いて喜んでくれるので、なおのこと大満足。

ただし、注意は必要です。祖父母にも子どもたちにも生活のリズムがあります。どの時間にどれくらいだったら話ができるのかは、息子（娘）たちに確認しておく方がよいですね。事例の祖父母のように、「毎日」は難しいかもしれませんが、子どもも孫もお休みの前日だったら、「迷惑がられる」ことはないかもしれません。

相談事例　**『祖父母の思いが届かない荷物』**

家族構成：両親、本児（B君、年長組）
悩み：集団行動からはずれることがある。よくしゃべるが、遠慮ないことばを口にする。年少の頃からテレビゲームが好きで、毎日やっている。

石橋「遠慮ないことばを口にするという悩みがあったようですが、…」

母「私の父親が田舎から宅配便でいろいろな物を送ってくるのです。夜、B君が祖父にお礼の電話で、『高い物を買ったらもったいないよ！』と注意もするんです。B君には『もう言わなくていい』と言うのですが…（苦笑）」

石橋「そういうことを口にするきっかけがあったのではないですか？」

母「私たち夫婦が、『またラーメンが入っているよ。こういう物は町の方が安いんだから！』とか、いくら祖父母が作った野菜とは言え、『送料を考えたら高くつくよね』と話したこともあります。それで覚えたのでしょうか」

石橋「B君がおじいちゃんにも遠慮ないことばをかけるのは、お二人のことばを聞いたからかもしれませんね。今日からは、話し方を変え、荷物が来たらお母さんは、『じいちゃんがまた送ってくれた。ジャガイモがある！　きゅうりもある！　キャベツもある！　おいしそう！』次にお父さんも、『ほんとだ、新鮮だからおいしそう！　夕食で食べようか！』と二人がはしゃぐのです。もしラーメンが入っていたら『お父さん、このラーメン、新鮮な野菜を入れて食べようね』と話してみます。そして、夕食のときは、夫婦で会話をし、『新鮮でおいしいね。』、『ほんとにおいしいね、おじいちゃんは野菜作りが上手だね。B君もおいしい？』と話してください。B君は間違いなく『うん、おいしい！』と言うはずです。そして、お父さんがおじいちゃんに電話するのです。『おじいちゃん、おいしい野菜をありがとう。B君も喜んで食べていました。B君、おじいちゃんにどうだったかを言ってあげたら？』と言って受話器を渡したら、これも間違いなく、『おじいちゃん、おいしかったよ！　ありがとう！』と言ってくれるはずです。電話の向こうで、おじいちゃんは『とうさんもB君も喜んでくれたので、おじいちゃんはうれしいよ！』とB君に言ってあげたらいいです。

それから『田舎からの荷物は高くつく』ということについては、子どもさんがいないところで祖父母に言われるのは悪いとは思いません。ただ、ご両親の『子どものために、孫のために、…』という思いを込めた『祖父母便』ですから、子どもさんの感性をどう育てるのか、ご夫婦でぜひ話し合ってください。なぜなら、20数年後には、あなた方が祖父母になっていくのですから。

祖父母の配慮

『子ども（孫の父・母）を信頼して、荷物の発送を…』

この事例は、祖父母の配慮というより、「祖父母の思いをくみ取る感性が父母にどう育っているか」ということが問われることになります。

みなさん方の届けたい物は「高いラーメン」でもないし「高くつく自分で育てた野菜」でもないはずです。「してあげたい。子どもや孫が喜んでくれたらうれしい」という親として、祖父母としての「無償の愛」というものではないでしょうか。それを受け取ったわが子（息子や娘）が、それをどう受けとめるかが気になります。でも、祖父母としては、これからも「わが子と孫の感性が育つ」ことを信頼して…。

贈り物（送り物）をするときに気をつけたいことが三つあります。

①頻度と量です。生ものは保存が難しいし、量が多くて処理に困ることもあります。お孫さんへのおやつやおもちゃ等は、息子や娘さんに相談するのがよいかもしれません。（たまには、驚

かせるために突然送ることも「有り」かもしれませんが。）

②買った物に付いている「値段のシール」ははがしておくことです。気持ちを届けることが目的ですから。送った物にどういう感性で対応するかは、みなさんの息子や娘を信頼しましょう。

③送る荷物には手紙が添えてあるとよいですね。

私が学生の頃、母親から時々乾物類が送ってきました。（祖父母は他界していませんでした）その中に、必ず母の手紙が入っていて「身体に気をつけること、たまには連絡をするように」ということが書いてありました。私は、申し訳ない思いから、心の中で『ごめん』とつぶやくだけだったことを思い出します（反省です）。

2 遠隔地の子育て・孫育てで配慮すること

(1) 子や孫とのコミュニケーションの方法

◎手紙…お孫さんが年長組や小学校1年生だと「お手紙ごっこ」等から文字が不明のお手紙が届

くかもしれません。大いに受けとめてほしいですね。それに対しては手紙を返してあげるとお孫さんは喜ぶでしょう。郵便の手紙ではなく電話を利用したＦＡＸや携帯電話・スマホを利用した「メール」などがあるでしょう（「メール」については小学校段階では積極的には勧めませんが…）。

◎電話…電話はよいですね。実際の声でコミュニケーションができるのですから。祖父母でもできる孫育てとしては、「非常に有効な道具」だろうと思います。幼児期から小学校高学年までは活用できると思います。近頃は、遠距離でも携帯電話の普及でいつでもどこでも話ができるようになりました。電話会社によっては「無料」で話せるサービスもあるようですから、息子（娘）さんに相談してよい方法を考えてみてはどうでしょうか。

◎テレビ電話・パソコン電話…声だけでなく映像を見ながら話ができるものに、携帯を利用したテレビ電話とか、パソコンを利用した電話が広がっています。後者のパソコンを利用した電話は、私は娘との会話に利用していました。オーストラリアで仕事をしている娘のことが気になり、声を聞きたいものの国際電話では料金が気になります。そこで教えてもらった方法がパソコン利用でした「無料のテレビ電話」です。今のパソコンはカメラ機能をもっていてすぐにテレビ電話に活用できるようになっている物があります。（詳しくは子どもさんたちに聞くか電器屋さんに）。この電話の方法がよいと思われるのは、お互いに顔を見ながら話せるということです。子どものことばの発達で必要なことは「小学校低学年までは相手を見て話をする」という経験が重要であろうと考えます。幼児期からのパソコンとの接触は勧めませんが、「じいちゃんばあちゃんとお話しする物（機械）」という認識程度でしたら、大いにパソコンを活用されてよいと思います。「声だけの電話」より顔を見合わせて話をする方が表情も意欲も違うように思います。

私は、時々、仕事をしていた山口県へ出かけていき、相談や講演をしていました。孫と娘が私の自宅（岐阜県）に遊びに来たときに、「パソコン電話」を利用しました。生後半年になると「私（ジージ）のことも認識し始めて、画面の方を見てくれました。カメラに顔を近づけて「お～い、かずくん！」と声をかけるだけでしたが、にっこりとほほえみ返す表情を見せてくれました。生後10か月頃には「ジージ」と呼んでくれ、私が画面を見て「また、遊ぼーねー」と言うと、「ネー」と返事をくれたりもしました。

また、シドニーに住んでいた次女も、自分の甥っ子のために「パソコン電話」で関わっていました。夕食後におなかが一杯になった甥っ子に、次女が「いっぱい食べたの？　おなかを見せて！」と言うので、母親がシャツの前をたくし上げてふくらんだおなかを見たとたん「わ～～！」と驚き、後ろにひっくり返る演技をしたところ、甥っ子は「キャッキャッ」と喜び、「っかい（もう一回やって、の要求語）」と。そこで、本人が自分でシャツをたくし上げ、次女におなかを見せるのです。すると、次女は再び、「わ～～」とひっくり返ります。これを何度も繰り返すのです。（次女の「小芝居」に感激です。）

その後、孫が2歳を過ぎると、パソコンの画面の次女に向かって「あのね～」と語りかける様子が見られるようになりました。こういう関わりの中で、人と関わることのおもしろさ、楽しさだけでなく、ことばの大切さも育てていくのだろうと考えています。こういう機器を使った関わりは、遠隔地にいる「じじ・ばば」にもできるように思います。

(2) 遠隔地に住む子どもや孫の帰省

おじいちゃんおばあちゃんは、子どもや孫たちの帰省を首を長くして待っておられるのではないでしょうか。「子どもは親らしくなっているだろうか」「孫は、成長しただろうか」「帰省を喜んでくれるだろうか」等々の期待と心配が胸をよぎるかもしれません。

短期間の帰省ですから、祖父母としては、しっかり楽しんで戻ってもらいたいという思いで歓迎されるでしょう。子どもは、友人に会うとか子ども（孫）と離れて買い物に行くとか遊びに出るということがあるかもしれません。その折り合いは親子で上手につけてください。祖父母が「折角帰省したのに、外に出て行くばかりで、うちで過ごそうとしない！」と叱りすぎると、子どもが「うるさいから帰りたくない」と言われると寂しいですから。その間、孫育てに専念すると、わが子たちの帰省が増えるかもしれません。

そして、別れ際には「おじいちゃんもおばあちゃんも楽しかったよ。また遊びにいらっしゃい。今度来たら～しようね」と声をかけての見送りです。自家用車だったり、バスや列車等を見送ることあるでしょうが、それが見えなくなるまで見送っておられるでしょう。このときも、わが子を信頼したいですね。わが子が孫に「ほら、まだじいちゃんばあちゃんが見送ってくれているよ。寂しそうだね。また来てあげようね。今度来るときも元気でいてくれるといいね」等の声かけをしてくれているに違いないと。祖父母が見えなくなり、孫が「うん、楽しかった。また来ようね」と言ってくれたら「素晴らしい子育て・孫育て」は続いていってくれるでしょう。

子どもや孫が戻った後は、まさに「台風一過」の状態かもしれません。いろんな祖父母の方に、「来てうれしい、帰ってうれしい」ということばを聞きました。私も自分の「気持ちや体力」を考えると納得できることばです。しかし、こういう「祖父母と子ども（孫の親）との関わり（やりとり）が、『よい子育ての連鎖』につながってほしい」と願うのが、祖父母の生き方なのではないでしょうか。

参考文献

石橋剛『子どものねがいに迫る発達・教育相談』クリエイツかもがわ、2012
楠凡之『気になる子ども　気になる保護者』かもがわ出版、2005
草薙厚子『少年A　矯正2500日　全記録』文春文庫、2006
大沼孝次『俊くん殺人事件、12歳少年の犯罪心理』長崎出版、2003
片田珠美『こんな子どもが親を殺す』文春新書、2007
嶋﨑政男『少年殺人事件　その原因と今後の対応』学事出版、2006
東京母の会連合会編『ざけんなよ』集英社、2000
文科省『児童生徒の問題行動対策重点プログラム最終まとめ』平成16年
文科省『情動の科学的解明と教育等への応用に関する検討会・報告書』平成17年
川島隆太『脳を育て、夢をかなえる』くもん出版、2003
石橋恵美子「秋の日の思い出」『石楠花』第32号、平成17年
杉山登志郎『子ども虐待という第四の発達障害』学研、2007
石橋剛『～子育ては、一生、「ふたばマーク」～』山口県家庭教育学会、2005
少年Aの父母『「少年A」この子を生んで』文藝春秋、1999
加藤直樹『少年期の壁をこえる─九、十歳の節を大切に─』新日本出版社、1987
岡田尊司『インターネット・ゲーム依存症』文春新書、2014
清川輝基『人間になれない子どもたち』枻出版社、2003
石橋剛「『ことばの発達のひな壇』の有用性」日本応用心理学会大会発表論文69、2002
糸賀一雄『精薄児の父糸賀一雄講話集　愛と共感の教育〈増補版〉』柏樹社、1972
サム・マクブラットニィ『どんなにきみがすきだかあててごらん』評論社、1995
吉野弘・新川和江　監修『おかあさん、あのね』大和書房、1987
ジム・トレリース『読み聞かせ　このすばらしい世界』高文研、1987
柴田義松『ヴィゴツキー入門』寺子屋新書、2006
岡田尊司『発達障害と呼ばないで』幻冬舎新書、2011
新見俊昌『子どもの発達と描く活動』かもがわ出版、2010

あとがき

おじいさんおばあさん方へ

読んでいただき、ありがとうございました。どうでしたか？
内容は、みなさん方の子育て・孫育てと重なったり、「自分たちはもっと工夫している」という感想をもたれた方も多くおられることでしょう。なかには「言われることはその通りだが、なかなかできないよ」と思われる方もいらっしゃるかもしれません。さまざまな祖父母の方々がおられますので、できる情報・できない情報があったと思います。見せること、聞かせることにも気力・体力の限界があるかもしれません。しかし、そうしたいという思いは、もち続けたいと思うのですが……。その思いを感じとってくれる子ども（息子や娘）と孫であることを信じたいですね。

この「あとがき」を書いているときでも、日々、子どもたちの環境は変化しています（「発展」というのでしょうか!?）。新しい環境になれば、当然のことながら新たな問題が出てきます。本文にも書きましたが、人間の発達に関しては、先人たちのおかげで情報はたくさんあります。ですから、私はその一端を紹介して子育て孫育てに役立ててもらえるとよいと思っています。しかし、文化の変化・進歩は子どもや孫たちにどういう影響を及ぼすのかは、未経験ですから予想ができません。どういう影響を受けながら社会人になっていくのでしょうか？　心配になりますね。そういう現状でも、多くの

祖父母のみなさん方の願いは「子どもや孫が平和な世界で、社会の一員として健康に生きていってほしい」ということではないでしょうか。

私も前期高齢者の仲間に入っています。年齢と経験からか「賢さ」をもっていると思うことがあります。20〜30歳代の頃は「思いついたら実行する」という「若いときの特権」という思いで行動していました。しかし、今は「新しい場面に臨むときは、まず現状をしっかりと捉え、過去の経験に照らし、次の行動を予測・予想して行動に移す」という「賢さ」が身についているように思います。子どもや孫のことを考えると、文化の変化に対しても慎重に考えてしまいます。この「賢さ」は「ことばのある感性」をもっているから得ることのできるものと考えています。私たちの子どもが、この賢さをもち、孫のために頑張ってくれることを願いたいですね。そう考えると、やはり「子どもや孫世代に『ことばのある感性』と『社会性＝対人関係』をしっかりと身につけてほしい」というところに行きつきます。

私もお迎えが来るまでは、子どもや孫のために側面から応援し続けようと思っています。ただ、そういう私も「前期高齢者の子育て孫育て」は未経験で初心者ですから、何がどこまでできるかはわかりません。私も「老いで何を伝えられるか」を悩みながらできることを頑張りたいと思います。

お父さんお母さん方へ

私の提供した情報は、どうでしたか？「わかるけど、無理！」と思われたのではないでしょうか。

私の発達・教育相談で、保護者の方に「その日からの関わり方の工夫」のお話をします。その内容は、「毎日1時間、しっかりと子どもと遊びなさい」というような、実行できない提案はしません。その「家庭生活の流れの中での工夫」を提案するようにしています。ところが、具体的な関わりの方法をたくさん提供するので「できることだけども、多すぎる」のです。保護者の方には「説明した関わり方を全部実行しようとしたら三日ともちませんよ。そのとき『自分はダメな親だ』と思うようになるのです。そうなると、私の相談の情報が保護者の方を追い詰めることになり、悪い結果につながるのです。情報はしっかりと記憶にとどめておいて『できるときに実践・実行する。三日坊主にならないように注意し、じっくりと関わるようにする』というような受けとめ方をしてください」と説明しています。みなさんの子育ては、まだまだ続きます。「無理！」と言わずに、祖父母とも連携をとって、子どものため、自分のため、祖父母のため、そして社会のために、できるところから始めてみたらどうでしょうか。

3点、お願いがあります。

①みなさん方もまだまだ親としての発達の途上ですから、祖父母や専門家と連携をとって、わが子の後ろにしっかりと続き、百点の親を目指して歩み続けてください。

②この本は、みなさんが祖父母になるまでのことについて書いていますので、ぜひとも本棚に置いておき、内容が適切かどうかをみなさんに検証してもらえるとうれしいです（欲を言えば、みなさんの子どもさんが親になったときに読んでくれたら、最高にうれしいでしょうね）。

③みなさんのご両親から受け継いだ「社会性と感性」をいっそうふくらませ、子どもさんに伝えてください日本の生活の現状は、安心できる状況ではありませんが、子どもの前では「できるだけ笑顔で」楽しい子育てを続けてください。

みなさんのご家族の方々の健康とご多幸をお祈りいたします。ありがとうございました。

専門家のみなさま方へ

読んでいただき、ありがとうございます。私の問題意識、仮説について受けとめていただいたでしょうか。気になる子どもたちの発達の様子（ゆがみや足踏み、そして発達の幅）が、家庭の配慮と専門家との連携で軽減・克服していく子どもたちについてまとめてみました。多くの事例から、「子どもの発達には人的、物的環境による影響は小さくない、いいえ、大きいと言ってよいのではないか」と考えています。

10数年前、3歳の女児に出会いました。竹の葉が風に吹かれてザワザワと鳴る音に異常におびえる幼児でした。ご両親には「専門家の90％以上はイヤーマフ（音を遮断するためのヘッドホンのような物）を勧められるでしょうが、私は勧めません」と話し、その理由も説明しました。ご両親は、私の助言での関わり方の方を選択されました。保育園・小学校とも連携を取り、いろんな悩み・出来事を経て、今は、陸上部に入って、ピストルの音もそう気にしなくなっているそうです（竹の葉の音は幼児期に克服。今、関わっている関係者の話では、「この生徒はほとんど気にならない」と聞いています）。

私は、この女児の幼児期の様子を「特性」とは捉えませんでした。「対人関係やことばがある感性の弱さ」と捉えて家庭での関わり、保育園や学校での関わりについて提案し続けてきました。この事例のように、私は、困っている様子（問題行動も含め）を「どうなくすか」ではなく、「どう乗り越えさせるか」という発達的視点に立った関わり・連携が大切ではないか、と考えてきました。どうか、「グレーゾーン」の子どもについても「障害ありき」「障害特性」と決めつけない支援体制づくりをお願いしたいと思うのですが…。

経験が豊かな専門家のみなさまに失礼な言い方だったかもしれませんが、反面教師でも結構ですし、お役に立てていただければ幸甚です。これからも、気になる子どもやそのご家庭の支援をよろしくお願いいたします。

前著『子どものねがいに迫る発達・教育相談』を上梓してから4年がたちました。気になる子どもとの関わりに関する情報をまとめるに当たっては、教育相談での出会いで多くの保護者の方々、子どもさんたち、祖父母の方々からたくさんの宝物をいただいたように思います。その子どもたちに関わっておられる専門家のみなさまからもたくさんの勉強をさせていただきました。

そして、すばらしい実践家との出会いもありました。弱さのある子から健常の子までが近寄っていく魅力をもった先生、汗まみれになって子どもと関わり、保護者からの信頼も厚かった先生（この先生の代表が、元養護学校萩分校の同僚であった井上弘昭先生）たちから、子どもにとって「教師は環境の七〜八部分（一部分ではない）」であることを教えてもらいました。ありがとうございます。

私も嫁いだ長女に子どもが誕生したので「新米じいちゃん」をしながら原稿をあたためてきました。その初孫と私の家族との交流を見聞きし、体験もし、原稿を書き進めるのに大変参考にさせてもらいました。古田諭史さん、一翔くん、大翔くん、ありがとう。私の妻と二女、三女、そして嫁いだ長女、みんなで「小芝居」を演じてきました。多くの小芝居は、いろいろな意味を含めて成功裏に終演していますが、すぐに幕を開けることもあります。孫たちと関わる機会があるときは、まだまだ、演じ続けたいと思います。おかげで、「小芝居の有効性」を検証することができました。ありがとう。

最後になりますが、私が突然に送りつけた原稿を読まれた後「この原稿は、二つに分けてみたらどうか」という助言をいただき、その原稿の30％くらいの内容に加筆して上梓したのが前著でした。あれから4年、残った70％の内容に加筆して、やっとこのたび出版にこぎ着けることができました。昨年9月からの闘病生活で予定より遅れてしまいましたが、待っていただき、支援していただいたクリエイツかもがわの田島英二氏に感謝の意を表したいと思います。ありがとうございました。

２０１６年9月

石橋　剛

石橋　剛（いしばし　つよし）

1950年　福岡県生まれ。

高知大学教育学部養護学校教員養成課程卒業。

滋賀大学教育学部特殊教育特別専攻科卒業。

1979年、山口県萩市に開校した養護学校に着任し、退職までの32年間勤務し、28年間を教育相談の業務に携わる。

2011年、発達・教育相談研究所を開所。

学校心理士・ガイダンスカウンセラー。

著書に『子どものねがいに迫る発達・教育相談』クリエイツかもがわ、2012年

孫育ては子どもとともに 子育ては祖父母とともに
長年の発達・教育相談の経験から

2016年11月30日　初版発行

編　者　©石橋　剛

発行者　田島 英二 info@creates-k.co.jp
発行所　株式会社 クリエイツかもがわ
〒601-8382 京都市南区吉祥院石原上川原町21
電話 075(661)5741FAX 075(693)6605
ホームページ http：//www.creates-k.co.jp
郵便振替 00990-7-150584

印刷所　シナノ書籍印刷株式会社

ISBN978-4-86342-196-7 C0037　printed in japan